O TEMPO DE KEYNES NOS TEMPOS DO CAPITALISMO

CONTRACORRENTE

LUIZ GONZAGA BELLUZZO

O TEMPO DE KEYNES NOS TEMPOS DO CAPITALISMO

2ª edição

São Paulo

2021

Copyright © **EDITORA CONTRACORRENTE**
Alameda Itu, 852 | 1º andar
CEP 01421 002
www.loja-editoracontracorrente.com.br
contato@editoracontracorrente.com.br

Editores
Camila Almeida Janela Valim
Gustavo Marinho de Carvalho
Rafael Valim

Equipe editorial
Revisão: Juliana Daglio
Projeto gráfico: Denise Dearo
Capa: Maikon Nery

Dados Internacionais de Catalogação na Publicação (CIP)
(Câmara Brasileira do Livro, SP, Brasil)

Belluzzo, Luiz Gonzaga
　O tempo de Keynes e os tempos do capitalismo / Luiz Gonzaga Belluzzo. -- 2. ed. -- São Paulo : Editora Contracorrente, 2021.

　ISBN 978-65-88470-13-8

　1. Economia 2. Economia keynesiana 3. Keynes, John Maynard, 1883-1946 4. Keynesianismo 5. Política econômica I. Título.

21-60503　　　　　　　　　　　　　　　CDD-330.156

Índices para catálogo sistemático:

1. Economia keynesiana　330.156

Maria Alice Ferreira - Bibliotecária - CRB-8/7964

@editoracontracorrente
f Editora Contracorrente
@ContraEditora

SUMÁRIO

KEYNES E O BARBEIRO – Sergio Lirio 7

NOTA INTRODUTÓRIA 11

CAPÍTULO I – OS TEMPOS DE KEYNES 13

CAPÍTULO II – KEYNES EM SEU TEMPO 29

CAPÍTULO III – DA *TEORIA GERAL* AO *TREATISE*: A LUTA PARA ESCAPAR DAS VELHAS IDEIAS 43

CAPÍTULO IV – O CAPITALISMO DE KEYNES E A DEMANDA EFETIVA 53

CAPÍTULO V – INVESTIMENTO, POUPANÇA E AVALIAÇÃO DA RIQUEZA NA ECONOMIA MONETÁRIA DA PRODUÇÃO 61

CAPÍTULO VI – DEMANDA EFETIVA E A PECULIARIDADE DO DINHEIRO NA ECONOMIA MONETÁRIA DA PRODUÇÃO 65

CAPÍTULO VII – INCERTEZA RADICAL, CONVENÇÕES E PRÊMIO DE LIQUIDEZ 73

CAPÍTULO VIII – A NOVA MACROECONOMIA DO EQUILÍBRIO GERAL E A OCULTAÇÃO DA INSTABILIDADE DO CAPITALISMO 81

CAPÍTULO IX – CONSIDERAÇÕES SOBRE A DINÂMICA E A INSTABILIDADE DO CAPITALISMO 89

CAPÍTULO X – CONSIDERAÇÕES SOBRE A FILOSOFIA SOCIAL DE KEYNES 97

CAPÍTULO XI – KEYNES EM BRETTON WOODS 103

CAPÍTULO XII – DA UTOPIA KEYNESIANA À REAÇÃO NEOLIBERAL 109

CAPÍTULO XIII – DESIGUALDADE E DÍVIDA PÚBLICA 119

REFERÊNCIAS BIBLIOGRÁFICAS 129

KEYNES E O BARBEIRO

Antes de falar deste livro, gostaria, caro leitor, de apresentá-lo a um personagem. Conheci o Henrique há mais ou menos cinco anos. Ele viera de Recife e dividia-se entre o emprego em uma barbearia na rua Augusta e o bico de professor de dança no centro de São Paulo. Ao longo dos anos, tornei-me um cliente fiel e assisti a seu progresso: de empregado a sócio de um outro salão e deste para um empreendimento próprio, embora mais modesto que a sociedade anterior, sempre na nevrálgica Augusta.

Na essência, a trajetória de Henrique não é diferente daquela de milhares de migrantes. Uma infância difícil na beira do mangue, um pai ausente e uma mãe batalhadora. O trabalho foi a sua salvação. Os curtos intervalos entre o manuseio da tesoura e os passos de mambo eram usados para estudar as disciplinas do supletivo que encurtaram sua trajetória tardia pelo ensino médio. O novo negócio adiou o sonho de ingressar na faculdade, desafio que ele encara com um misto de alegria e pavor, pois nunca escondeu a dificuldade em terminar a leitura de um livro. Sua curiosidade parece, no entanto, infinita. E seu espírito crítico aflorou naturalmente, contra todas as apostas do senso comum. Por causa deles, curiosidade e discernimento, o menciono neste prefácio.

Em uma dessas sextas-feiras preguiçosas, após a edição da semana ter sido enviada à gráfica, passei pelo salão do Henrique antes de seguir para a redação da revista CartaCapital. Falávamos da crise econômica e política quando ele me perguntou repentinamente como poderia saber mais a respeito de John Maynard Keynes e suas ideias. Nunca havia mencionado Keynes em nossas conversas e fiquei curioso por descobrir de que maneira um pernambucano fã de Chico Science mal chegado aos 30 anos havia descoberto e se interessado por um aristocrata inglês nascido no apogeu da era Vitoriana. "Recebi um texto no Facebook, achei bacana e fiz umas pesquisas na internet, mas queria entender melhor". Reagi como um vendedor de porta-em-porta (eles ainda existem?). "Para a sua sorte", comecei, "conheço o maior especialista em Keynes do Brasil". Saquei do bolso o celular e interrompi a leitura matinal do Belluzzo. Oxalá o tenha livrado do aborrecimento de trafegar pelas notícias sobre o Palmeiras. Meia hora depois recebia em meu e-mail a introdução deste livro, um panorama didático, conciso e elegante da vida de Keynes e da história do século XX.

A pronta resposta do Belluzzo confirma não só a sua conhecida diligência. É uma pequena amostra de sua essência: o professor que não esmorece, nem quando as trevas dão sinais de engolfar completamente a luz, caso dos tempos atuais. O Julinho segue os mesmos passos e é inspirador acompanhar o esforço de ambos em favor do debate esclarecido e esclarecedor. Na sociedade de massas, o acadêmico rigoroso, porém didático, acabou substituído de forma trágica pelo animador de auditórios. Nem assim Belluzzo e Julinho desistem, ele que enfrenta estoicamente e com bastante frequência a batalha inglória contra as bestas-feras nas arenas midiáticas. Uma luta que se perde, mesmo quando se ganha. Irrecusável, no entanto, para quem mantém o otimismo na ação. Este volume é mais um gesto de quem compreende e desempenha a altura seu papel na esfera pública.

Keynes, por sua vez, voltou à moda depois da crise financeira mundial de 2008, para desalento daqueles que acreditavam tê-lo fulminado a golpes de Milton Friedman durante as três décadas de supremacia do neoliberalismo. Infelizmente, pouca gente do outro lado do espectro ideológico compreendeu a essência de seu pensamento. Por sorte, Jesus não detém os direitos autorais da frase "Senhor, eles não sabem o que fazem". Nem Keynes é o único a se revirar no túmulo. Muitas barbaridades também foram ou têm sido cometidas em nome de

Deus, Marx e principalmente do dinheiro. Mas, apesar do esforço dos keynesianos bastardos, a obra do lorde inglês continua vital e fornece o aparato necessário, talvez definitivo, para enfrentar a barbárie pantagruélica, insaciável em sua cruzada pela destruição de qualquer traço de humanidade. Não é necessário um neokeynesianismo. Basta o velho.

Os adoradores de *moloch* que se reproduzem como coelhos, ou melhor, baratas nas colunas econômicas dos jornais, nos painéis de debate na televisão e nas escolas de negócio tentam convencer os desatentos de que as coisas sempre foram assim e sempre serão. Apostam na memória curta. Mas o mundo era outro há menos de quarenta anos. Sob a influência do pensamento de John Maynard (desculpem-me se não tenho a intimidade do Belluzzo para chamá-lo assim), as economias ocidentais experimentaram durante boa parte do século XX uma harmonia entre crescimento econômico sustentável, incorporação em massa de novos consumidores-cidadãos e redução expressiva das desigualdades. Do "American Dream" à construção do Bem-Estar Social europeu, o Ocidente desenvolvido foi além da prosperidade econômica. Os últimos estadistas, os derradeiros pintores e escritores, os maiores cineastas, deram forma e cor a este período iluminista da sociedade, sem falar em filósofos e cientistas hoje tão escassos quanto necessários.

Quando as ideias de Keynes passaram a ser caçadas por uma força-tarefa de dar inveja aos delegados da Polícia Federal brasileira, quando os Estados Unidos foram capazes de eleger para a presidência um ator canastrão e a Inglaterra decidiu colocar uma dona de casa no comando do Parlamento, em uma elegia à "economia doméstica", enfim, naquele embalo de sábado à noite do fim da década de 1970, o mundo dançou. As crises econômicas se sucederam, à custa do trabalho e das tão bem-sucedidas políticas de proteção social. México, Argentina, Rússia, Tigres Asiáticos, Brasil, Grécia... O efeito dominó ainda não acabou. Por outro lado, a eficiência da plutocracia na defesa de seus interesses é inegável. Os dados apurados pela ONG Oxfam não deixam dúvidas: 62 bilionários detêm atualmente um patrimônio equivalente ao da metade da população do planeta. Ou em uma proposição matemática simples: 62 = 3,5 bilhões de seres humanos.

Não consigo imaginar a expressão de horror de lorde Keynes se a ciência fosse capaz de reanimá-lo neste ano da graça de 2016. O que diria a respeito de seus sucessores no ofício? E da política de austeridade, fórmula revendida pela União Europeia a outras partes do globo? Como encararia o fato de poucas gerações de economistas terem sido capazes de transformar uma disciplina com justas pretensões científicas em um misto de curandeirismo e cientologia, um truque de mágica planejado para distrair a plateia, enquanto suas carteiras são afanadas? Neste último caso, quiçá Keynes rememorasse um de seus escritos: "O economista–mestre tem de possuir uma rara combinação de dons. Ele tem de ser matemático, historiador, estadista, filósofo – em algum grau. Ele tem de compreender símbolos e falar em palavras. Tem de contemplar o particular em termos do geral, e tocar o abstrato e o concreto no mesmo voo do pensamento". Não tenho certeza se obteria sucesso. Os atuais comentaristas econômicos, ao menos os brasileiros, já tem dificuldade para unir o sujeito e o predicado, imagine "tocar o abstrato e o concreto" ao mesmo tempo.

Para a nossa desgraça, as ideias de Keynes voltaram a ser intensamente debatidas, mas superficialmente aplicadas. Como bem conclui este livro, as democracias, massacradas pelo poder das finanças, parecem impotentes diante dos "mercados". Tradicionais partidos, de esquerda ou de direita, tornaram-se meros corretores dos interesses dos senhores da bufunfa. À base dos 10% de comissão, entregam a mãe. Enquanto isso, na planície, oportunistas elegem bodes expiatórios e incitam as massas. O desempregado europeu torna-se algoz do refugiado sírio, que, em nome da sobrevivência, não hesitaria em jogar aos leões o camelô africano. Da Ucrânia ao Brasil, a política se assenta no ódio e na negação do outro. "Tá tudo dominado", diria Marcola ou um banqueiro da *City*. Será? Por sorte, a esperança é uma planta resistente, brota nos terrenos mais inférteis. E a roda da História não para, a despeito de quem a nega ou deseja pará-la. Sempre haverá um Podemos, um Occupy Wall Strett, um Bernie Sanders... E sempre haverá um Henrique.

Sergio Lirio
Redator-chefe da CartaCapital

NOTA INTRODUTÓRIA

Escrever sobre John Maynard Keynes é assumir um duplo risco. Primeiro há que arrostar o perigo de ignorar contribuições importantes que cuidaram da biografia e da obra de um dos mais importantes intelectuais da primeira metade do século XX. Esse risco é incontornável porquanto a bibliografia sobre Keynes e o keynesianismo é tão vasta quanto variada nos pontos de vista. Em segundo lugar, há que escapar do equívoco de amesquinhar a obra de Keynes ao espremê-la no espartilho do debate contemporâneo, marcado pela ridícula pretensão de tornar a economia um arremedo de "ciência", no sentido mais vulgar e popularesco que a palavra possa comportar.

Richard Davenport-Hines concedeu seus talentos de historiador e biógrafo a John Maynard Keynes. Publicou, em 2015, *The Universal Man, The Seven Lives* of John Maynard Keynes. O projeto de revelar em Keynes o Homem Universal de seu tempo é realizado de forma brilhante: a formação e o desenvolvimento de Keynes são analisados a partir da ação concreta do homem de carne e osso inexoravelmente atormentado pelos conflitos e contradições de sua época.

O intelectual, o professor, o homem público, o financista, o amante dos homens, das mulheres e das artes surge de corpo e alma em sua participação na vida social, política e cultural da Inglaterra abalada por profundas e traumáticas transformações ocorridas da era Eduardiana à Primeira Guerra Mundial.

Davenport-Hines escapou com habilidade da estupidez binária que opõe intervencionismo *versus* não intervencionismo ou Estado versus mercado. Mas tropeça na bola ao afirmar que "Keynes acreditava no individualismo, na liberdade e nas artes. Não na burocracia, no comunismo e na regulação da vida". Quem afirma ter esquadrinhado toda a obra do pensador inglês não pode ignorar que sua rejeição ao individualismo utilitarista dos liberais vitorianos era tão intensa quanto sua aversão ao comunismo. Keynes prezava como poucos a liberdade política e almejava o aperfeiçoamento do indivíduo. Era, no entanto, crítico feroz e implacável do individualismo utilitarista e do "amor ao dinheiro".

Mais do que um economista, Keynes era um homem que pretendia falar em nome do interesse público e que acreditava no poder de persuasão das ideias. Para Maynard – assim o chamavam os discípulos de Cambridge – o estudo da economia, uma ciência moral, só valia a pena como meio para a realização dos valores que a sociedade moderna promete, mas não entrega, aos cidadãos.

Capítulo I
OS TEMPOS DE KEYNES

As três últimas décadas do século XVIII assistiram à eclosão de transformações econômicas e políticas que culminaram na Revolução Francesa e na Revolução Industrial. Séculos antes, o renascimento do comércio promoveu a corrosão da base econômica e social do feudalismo e deu origem às cidades mercantis cuja diferenciação social foi construída a partir da força transformadora da burguesia comercial e financeira em ascensão.

Na esfera política, o tumultuado processo de formação dos Estados nacionais concentrou o comando nas mãos dos monarcas absolutistas e criou o espaço político propiciador do desenvolvimento dos mercados.

Norbert Elias, em *O processo civilizador*, escreve a respeito das monarquias absolutistas dos séculos XVII e XVIII: "A hora da forte autoridade central na sociedade altamente diferenciada soa quando a ambivalência de interesses dos mais importantes grupos funcionais se torna tão grande e o poder é tão uniformemente distribuído entre eles, que não pode haver nem uma solução conciliatória nem um conflito decisivo entre eles".[1] Talvez seja recomendável reler o *Leviatã* de Thomas Hobbes à luz de *O príncipe* de Nicolau Maquiavel.

---

[1] ELIAS, Norbert. *O processo civilizador*. vol. 1. Rio de. Janeiro: Jorge Zahar Editor, 1998.

A Holanda, a Inglaterra e a França e seus Estados nacionais disputaram as honras da liderança nessas transformações. O século XVII foi palco de sucessivos conflitos militares, políticos e comerciais entre os Estados nacionais. No período situado entre o final do século XVII e o século XVIII, Londres acelerou sua escalada mercantilista, derrotando Amsterdã e Paris como centro comercial e financeiro. A supremacia britânica imposta ao mundo pelo pioneirismo e pelo monopólio da indústria tem origem na acumulação de riqueza mercantil e financeira promovida pelo Estado mercantilista, apoiado na faina colonialista das exclusividades concedidas às Companhias de Comércio.

Eli Heckscher, no clássico *La Época Mercantilista*, resume magistralmente a conformação do mercantilismo à inglesa. Heckscher afirma que a ingerência direta do Estado nas Companhias era quase imperceptível. "Muito mais importante era outra tendência: a de transferir às companhias as prerrogativas de poder próprias do Estado".[2] Talvez seja conveniente reler Adam Smith à luz do mercantilista James Steuart.

O expansionismo mercantil inglês nos séculos XVII e XVIII tinha bases domésticas firmes no avanço da indústria da lã, o que conferiu mais qualidade aos tecidos de Lancashire *vis-à-vis* seus competidores franceses. Em 1651, foi promulgado o *Navigation Act* que dava prioridade à frota britânica nos negócios ultramarinos, com o propósito de bloquear o acesso dos competidores aos portos ingleses e das colônias.

A criação do Banco da Inglaterra em 1694 foi decisiva para a transformação da riqueza fundiária em riqueza mobiliária – monetária e financeira – na etapa da chamada acumulação primitiva. No centro das ações do banco estava a administração da dívida pública, pedra angular da regulação da moeda e do crédito. A administração do débito público deu origem ao mercado de negociação de títulos públicos e fomentou ao mesmo tempo o surgimento do rentismo como categoria social e a disponibilidade de fundos para o desenvolvimento da manufatura. O crescimento da dívida pública suscitou a ampliação da base tributária do

---

[2] HECKSCHER, Eli F. *La Época Mercantilista*. México: Fondo de Cultura Económica, 1943, p. 181.

CAPÍTULO I - OS TEMPOS DE KEYNES

Estado, que recompensava seus súditos com o protecionismo e a acumulação de reservas de metais nos cofres do Banco da Inglaterra, garantia do papel de Londres como centro financeiro do mundo. Na realidade, foi o desenvolvimento da finança inglesa e a fixação de Londres como centro financeiro internacional que abriram caminho para o padrão-ouro, e não o contrário.

No século XVIII, segundo Eric Hobsbawn, a Inglaterra não era feudal em qualquer sentido, mesmo no que diz respeito à sua aristocracia enriquecida, portadora de uma mentalidade mercantil. Na composição das chamadas "classes médias" prevaleciam os grandes comerciantes, banqueiros e negociantes de dinheiro. A riqueza estava concentrada em torno de Londres, e os industriais auferiam rendimentos muito inferiores àqueles obtidos pelos mercadores e financistas. Mais ricos e influentes do que os empresários da indústria eram os altos funcionários da Coroa, os que se valiam de privilégios e sinecuras, soldados, magistrados, todos incluídos na rubrica de *offices of profit under the Crown*.[3]

A Revolução Industrial foi uma ruptura radical com o passado. Essa ruptura estava concentrada na transformação dos métodos de produção e na utilização das fontes de energia inanimada. As reservas de carvão foram decisivas para o "salto" da manufatura inglesa à frente de seus competidores. O aperfeiçoamento para fins comerciais da máquina a vapor de Newcomen por James Watt e a publicação da *A riqueza das nações* no mesmo ano de 1776 fornecem testemunhos incontestáveis sobre a radical ruptura ocorrida nos modos de produzir: o emprego da energia, a divisão do trabalho e as formas de regulação da vida econômica e social.

Na sua marcha, o industrialismo mercantil, mais precisamente o mercantilismo industrial britânico, promoveu a constituição das forças produtivas ajustadas à sua natureza irrequieta. Apoiado no sistema de máquinas, o novo sistema de produção carrega nos ossos o progresso

---

[3] HOBSBAWM, Eric. "The Example of the English Middle Class". *In*: KOCKA, J; MITCHELL, A. (Orgs.). *Bourgeois Society in Nineteenth-Century Europe*. Oxford: Oxford University Press, 1993, p. 133.

técnico, move a divisão social do trabalho e engendra diferenciações na estrutura produtiva, gerando encadeamentos intra e intersetoriais. No livro *The World Economy: A Millennial Perspective* (2001), Angus Maddison estima que, entre 1820 e 1913, a renda *per capita* na Grã-Bretanha tenha crescido a uma taxa três vezes maior do que aquela apresentada no período de 1700-1820.

São umbilicais as relações entre a Revolução Industrial e a revolução nas comunicações. É reconhecida a mútua fecundação entre a constituição do setor de bens de produção — apoiado nos avanços da metalurgia e da mecânica — e a expansão da ferrovia e do navio a vapor. As façanhas da grande indústria e de seu sistema de máquinas no século XIX anteciparam a *industrialização* do campo e o surgimento de novos serviços funcionais gestados no rastro da expansão da grande empresa industrial e promovidos pela racionalização e burocratização dos métodos administrativos.

Em sua expansão mercantil, a revolução industrial inglesa destruiu os sistemas produtivos das sociedades milenares incorporadas ao Império de Sua Majestade, mas também constituiu uma nova periferia e impulsionou as industrializações retardatárias no continente europeu e na Nova Inglaterra.

Essa reordenação da economia exigiu uma resposta também pronta dos países retardatários. Para a Alemanha de Bismarck, para os Estados Unidos de Alexander Hamilton e para os japoneses da revolução Meiji, a industrialização não era uma questão de escolha, mas uma imposição de sobrevivência das nações, de seus povos e de suas identidades. A extroversão comercial e financeira constitutiva do capitalismo inglês abriu espaço para a adoção de estratégias industriais nos Estados Unidos e na Alemanha, regiões em que a divisão do trabalho, as relações mercantis e as políticas dos Estados nacionais haviam atingido um maior desenvolvimento relativo.

Entre as três últimas décadas do século XIX e a Primeira Guerra, a economia mundial foi abalada pelas transformações provocadas pela Segunda Revolução Industrial. Nesse período, as inovações se associaram

CAPÍTULO I - OS TEMPOS DE KEYNES

ao processo de centralização do capital patrocinado pela nova finança americana e alemã. O aço, a eletricidade, os motores elétricos, o telégrafo, o motor a combustão interna, a química orgânica e os produtos sintéticos, assim como a farmacêutica revolucionaram as bases técnicas do "novo capitalismo" dos trustes e dos cartéis.

Essas inovações, quase todas destiladas das retortas alemãs e americanas, alteraram radicalmente o panorama da indústria, até então marcado pelo carvão, pelo ferro e pela máquina a vapor. A aplicação simples e empírica da mecânica que caracterizou a Primeira Revolução Industrial cedeu lugar ao padrão germânico e norte-americano de utilização sistemática da *ciência* nos processos produtivos.

Publicado em 1920, em *Industry and Trade*, Alfred Marshall[4] estuda o declínio do monopólio britânico na indústria e avalia o desempenho dos Estados Unidos, da Alemanha e da França. Marshall acentua dois aspectos que considera decisivos para a liderança alemã e americana: 1) aplicação da ciência aos novos processos industriais na siderurgia – o processo de Bessemer – na química, na eletricidade e no motor a combustão; 2) a reestruturação empresarial que acompanha as transformações tecnológicas e produtivas.

Em *As consequências econômicas da paz*, Keynes escreveu um parágrafo sugestivo a respeito da rápida transição da Alemanha de país "agrícola" para a condição de gigante industrial da Europa:

> Em 1870, a Alemanha tinha uma população de aproximadamente 40 milhões. Por volta de 1892, esse número subira para 50 milhões. Em 30 de junho de 1914, para aproximadamente 68 milhões. Nos anos que imediatamente precederam a guerra, o crescimento anual era próximo de 850.000 indivíduos, dos quais apenas uma insignificante proporção emigrava.[5] Esse grande crescimento só foi possível por conta de uma transformação de longo alcance na estrutura econômica do país. De uma situação agrícola

---

[4] *Industry and Trade*. vol. 1. Honolulu: University Press of the Pacific, 2003, pp. 94/95.
[5] Em 1913 havia 25.843 emigrantes da Alemanha. Destes, 19.124 foram para os EUA.

e em geral autossustentável, a Alemanha se transformou numa vasta e complexa máquina industrial, cujo funcionamento dependia do contrapeso de muitos fatores fora e dentro do país. Apenas operando essa máquina continuadamente e a todo vapor, ela poderia encontrar ocupação para sua crescente população e os recursos necessários para comprar sua subsistência no estrangeiro. A máquina alemã era como um pião que, para manter seu equilíbrio, precisa rodar cada vez mais rápido.[6]

O capitalismo dos bancos de negócios e da grande empresa destronou a Inglaterra de sua preeminência industrial. A Segunda Revolução Industrial veio acompanhada de um processo extraordinário de ampliação das escalas de produção. O crescimento do volume de capital requerido pelos novos investimentos impôs novas formas de organização à empresa capitalista.

Na conferência pronunciada em 1927 no *National Liberal Club*, cujas notas foram recolhidas nos *Collected Writings* sob o título de *Liberalism and Industry*, Keynes chamou a atenção dos partidários do "Novo Liberalismo" para as transformações sofridas pela empresa e pela finança depois da Segunda Revolução Industrial. Para ele, os dias das pequenas unidades empresariais estavam terminados, "em parte por razões técnicas, em parte por razões de mercado [...]. Combinações no mundo empresarial e no mundo do trabalho estão na ordem do dia e seria inútil, além de tolo, tentar combater isso".[7]

Mais adiante, Maynard defenderia abertamente a tendência à formação de *trusts* e cartéis (*combines*) e recomendaria que o governo não só criasse regras estritas de regulamentação, mas também utilizasse as novas estruturas empresariais para garantir uma coordenação mais eficiente da economia sujeita às flutuações do investimento.

---

[6] KEYNES, John Maynard. "The Economic Consequences of the Peace". *In*: MOGGRIDGE, D. (Org.). *The Collected Writings of John Maynard Keynes*. vol. II. Londres: Macmillan, 1971, pp. 7/8. (Tradução nossa)

[7] KEYNES, John Maynard. "Activities, 1922-1929, The Return to Gold and Industrial Policy". *In*: MOGGRIDGE, D. (Org.). *The Collected Writings of John Maynard Keynes*. vol. XIX, parte II. Londres: Macmillan, 1991, pp. 642/643.

CAPÍTULO I - OS TEMPOS DE KEYNES

Keynes foi além e sugeriu que a ação do governo se estendesse à mediação das relações entre empresas e trabalhadores na definição de regras e fixação de acordos salariais. "O governo deve estar preparado para interferir nas relações salariais. [Essas relações] não devem ser consideradas apenas como negociações privadas, porquanto estão relacionadas com a melhoria das condições de vida da classe trabalhadora".[8]

A sociedade por ações tornou-se a forma predominante de estruturação da propriedade. Nos Estados Unidos e na Alemanha, os bancos de investimento e os universais – na contramão dos bancos ingleses, que concentravam suas operações no giro dos negócios e no financiamento internacional – passaram a avançar recursos para novos empreendimentos (crédito de capital) e a promover a fusão entre as empresas já existentes. Pouco a pouco todos os setores industriais foram dominados por grandes empresas, sob o comando de gigantescas corporações financeiras. O movimento de concentração do capital produtivo e de centralização do comando capitalista reuniu enormes contingentes de trabalhadores nas cidades e tornou obsoleta a figura do empresário protagonista das inovações da Primeira Revolução Industrial, que confundia o destino da empresa com sua própria biografia.

A emergência dos formidáveis competidores tornou a manutenção do Império fundamental para atenuar o declínio econômico e financeiro da pérfida Albion. No entanto, entre o final do século XIX e a aurora do século XX, as colônias davam sinais de inconformismo e manifestavam desejos de autonomia. Desde os domínios brancos, como Austrália, Canadá e Nova Zelândia, até as terras asiáticas e africanas, as rebeliões se sucediam.

A Guerra dos Bôeres de 1899 foi um golpe duro na húbris britânica e encontrou Keynes nas hostes pacifistas. As consequências políticas de uma guerra sangrenta vencida com extrema crueldade, a despeito das desproporções de forças entre os colonos de origem holandesa

---

[8] KEYNES, John Maynard. "Activities, 1922-1929, The Return to Gold and Industrial Policy". *In*: MOGGRIDGE, D. (Org.). *The Collected Writings of John Maynard Keynes*. vol. XIX, parte II. Londres: Macmillan, 1991, p. 646.

e as tropas inglesas, podem ser avaliadas pela profusão de manifestações de oposição popular.

Foram muitas as vozes literárias e políticas que auguravam um futuro sombrio para o Império Britânico. Se Maynard perfilhou as posições pacifistas, entre os conservadores não faltaram vozes pessimistas que bradavam a decadência dos tempos eduardianos. O poeta Rudyard Kipling passou da exaltação da força civilizadora da Inglaterra em plagas distantes e bárbaras para a agressiva denúncia do esmaecimento das virtudes imperiais. O liberal G. K. Chesterton observou que Kipling amava a Inglaterra não porque ela fosse inglesa, mas porque ela era grande e poderosa e, quando a grandeza pareceu faltar, seu amor tornara-se rancoroso.[9]

O historiador Geoffrey Barraclough no livro *Introdução à história contemporânea*[10] lembrou que os mais renitentes das classes dominantes insistiam em encontrar fórmulas para harmonizar as pretensões das colônias e a necessidade de manter o Império íntegro. Percebiam que sem o Império a Inglaterra estaria condenada a se transformar numa potência de segunda classe, diante da escalada dos Estados Unidos e da Alemanha.

Já no final do século XIX, na Era do Imperialismo, a intervenção estatal na esfera econômica e o protecionismo comercial anunciavam a ascensão das burguesias nacionais dos países retardatários – como os Estados Unidos e a Alemanha – que empreendiam seus processos de industrialização no interior da *Pax Britannica*. A politização dos processos econômicos e a agudização dos conflitos interimperialistas – ainda camuflada sob o véu ideológico do mercado autorregulado – foram as marcas registradas do capitalismo do final do século XIX e começo do século XX, até a eclosão da Primeira Guerra.

A Grande Guerra foi um terremoto que abalou os fundamentos da economia e da sociedade e sacudiu o ambiente cultural da Europa.

---

[9] *Apud* HYNES, Samuel. *The Edwardian Turn of Mind*. Londres: Random House, 1993.

[10] BARRACLOUGH, Geoffrey. *Introdução à história contemporânea*. Rio de Janeiro: Zahar Editores, 1983.

CAPÍTULO I - OS TEMPOS DE KEYNES

O abalo foi devastador. Soçobraram as fantasias que as classes dominantes tinham em relação a seus valores e convencimentos e as ilusões que embalavam as classes subalternas a respeito das classes dominantes e dirigentes.

Em *As consequências econômicas da paz*, as reflexões derramadas nos capítulos que cuidam da Europa antes e depois da guerra são uma tentativa de demonstrar a insubsistência dos pressupostos que sustentaram a Ordem Liberal Burguesa da *belle époque*. Com elegância e rara lucidez, Keynes move seus argumentos entre a nostalgia do "extraordinário progresso econômico da humanidade na era que terminou em agosto 1914" e o reconhecimento da "ilusão" que amparava a visão otimista do progresso desse sistema social e econômico. "As classes trabalhadoras aceitaram por ignorância ou impotência, ou foram persuadidas ou tapeadas por hábitos, convenções ou autoridade da bem estabelecida ordem da sociedade, a aceitar uma situação na qual tinham uma participação muito pequena no bolo que eles, a natureza e os capitalistas, cooperaram em produzir".[11]

Depois da guerra, as classes trabalhadoras não aceitaram mais postergar o momento de abocanhar uma fatia maior do bolo, ao mesmo tempo que os capitalistas perdiam a confiança no futuro e abandonavam a frugalidade da acumulação de capital para desfrutar da segurança do rentismo e das liberdades do consumo.

Em *Ensaios sobre o capitalismo do século XX*,[12] procuramos demonstrar que, na era vitoriana, os governos estavam comprometidos antes de mais nada com a estabilidade do valor externo da moeda. Não havia sufrágio universal, e os parlamentos eram dominados pelas classes proprietárias, de origem burguesa ou aristocrática.

As políticas econômicas, portanto, não tinham de cuidar das consequências sobre as condições de vida dos trabalhadores de uma elevação

---

[11] KEYNES, John Maynard. "The Economic Consequences of the Peace". *In*: MOGGRIDGE, D. (Org.). *The Collected Writings of John Maynard Keynes*. vol. II. Londres: Macmillan, 1971, pp. 11/12.

[12] BELLUZZO, Luiz Gonzaga. *Ensaios sobre o capitalismo no século XX*. São Paulo: Editora Unesp, 2004.

da taxa de desconto – manejada pelos bancos centrais para garantir o valor externo da moeda. Os partidos trabalhistas em formação consideravam os mecanismos do padrão-ouro como formas naturais e insubstituíveis da engrenagem econômica.

No pós-guerra, a ampliação da presença das massas trabalhadoras nas cidades e a conquista do sufrágio universal foram transformando em problemas sociais fenômenos, como o desemprego, antes considerados resultados da conduta desviante de indivíduos. A ideia de desemprego como fenômeno social produzido pela operação de mecanismos econômicos é muito recente. Ainda no final do século XIX esse fenômeno estava desenhado na consciência social sob a forma de pobreza, vagabundagem, inabilitação, ou simples má sorte.

O aparecimento do desemprego no imaginário social, como distúrbio e injustiça nascidos das disfunções do mecanismo econômico, obrigou os governos a dividirem a atenção entre as demandas domésticas e as medidas de defesa da estabilidade da moeda. Nem sempre os dois objetivos puderam ser atendidos simultaneamente. Tornaram-se cada vez mais frequentes os conflitos entre a manutenção de níveis adequados de atividade e de emprego e as exigências impostas pela administração monetária.

Antes, os detentores de riqueza sabiam que a ação dos bancos centrais se inclinaria claramente na direção de uma defesa da paridade das moedas nacionais com o ouro, dentro das variações permitidas pelos *gold points*. Nesse sentido, os mercados especulavam a favor da estabilização da moeda. Eichengreen[13] afirma, com razão, que o padrão-ouro era uma instituição socialmente construída, cuja viabilidade dependia do contexto em que operava.

Em boa medida, a crise do padrão-ouro exprime a incompatibilidade entre a "representação" mais sofisticada dos automatismos do mercado e o surgimento das massas no cenário econômico e político. E

---

[13] EICHENGREEN, Barry. *Globalizing Capital*: A History of the International Monetary System. Nova Jersey: Princeton University Press, 1996.

CAPÍTULO I - OS TEMPOS DE KEYNES

não é possível fazer o relógio andar para trás, a não ser à custa de retrocessos sociais e políticos só imagináveis sob regimes de terror. A insistência na volta ao padrão-ouro só daria sustentação e fôlego às instabilidades e desarranjos de balanço de pagamentos que marcaram os anos 1920 e 1930 do século XX.

As lições dos anos 1920 e 1930 formaram as bases das convicções de Keynes a respeito do sistema monetário e de pagamentos que deveria prevalecer na posteridade da Segunda Guerra Mundial.

A maioria dos países saiu do primeiro conflito mundial com as finanças públicas destroçadas pelo financiamento das despesas militares, realizado basicamente por meio do endividamento e da emissão de papel-moeda inconversível. As dívidas de guerra e as reparações exigiram um esforço adicional de obtenção de recursos fiscais que as populações – principalmente as classes abastadas – não estavam dispostas a conceder aos governos. Os níveis de preços foram multiplicados por quatro ou cinco, e os países submetidos ao ônus de reparações e sobrecarregados com a reconstrução do aparato produtivo sofreram o flagelo da hiperinflação.

Nesse quadro, na primeira metade dos anos 1920, tornou-se impossível restaurar o regime monetário que prevalecera no período anterior à guerra. Os primeiros anos da paz permitiram que se observasse e avaliasse o funcionamento de um sistema de "flutuação livre" das taxas de câmbio. A experiência foi desastrosa e só aumentou a ansiedade pela restauração de um padrão monetário estável.

Em sua ressurreição, o padrão-ouro foi incapaz de reanimar as convenções e de reproduzir os processos de ajustamento e as formas de coordenação responsáveis pelo sucesso anterior. O último país a declarar oficialmente sua adesão ao padrão-ouro foi a França, em 1928. Antes dela, entre 1923 e 1925 haviam retornado a esse modelo a Alemanha e seus parceiros na hiperinflação – Áustria, Hungria e Polônia. A volta mais aguardada era a da Inglaterra. Isso ocorreu em 1925 de forma inadequada. O estabelecimento da paridade da libra com o ouro no mesmo nível que prevalecia antes da guerra foi causa de muitos dos problemas de coordenação que se apresentaram durante os conturbados anos 1920 e 1930.

Sob a forma modificada e atenuada do *Gold-exchange standard,* que permitia, diante da escassez de ouro, a acumulação de reservas em moeda "forte" (basicamente, o dólar e a libra), esse arranjo monetário provocou assimetrias no ajustamento dos balanços de pagamentos e desatou, frequentemente, especulação contra as moedas "desalinhadas", como a libra, criando instabilidade nos mercados cambiais e financeiros. A decisão da Inglaterra, tomada em 1925, de voltar à paridade do período anterior à guerra era claramente incompatível com o novo nível de preços interno, tampouco reconhecia o declínio de seu poderio econômico e financeiro.

Keynes disparou em *The Economic Consequences of Mr Churchill*: para fulminar os interesses da City, empenhada em restaurar o padrão-ouro na paridade que prevalecia no período anterior à Guerra. Ele argumentou que os Estados Unidos saíram do conflito com créditos acumulados contra os países europeus e fortalecidos economicamente diante de competidores que tiveram suas economias destroçadas. Não possuíam esse país e seu banco central recém-criado, no entanto, credenciais ou credibilidade para substituir a Inglaterra na coordenação de um regime monetário de administração complexa.[14]

A "sobrevalorização" da libra e a "subvalorização" de outras moedas, principalmente do franco, causaram, ao longo do tempo, o aprofundamento dos desequilíbrios do balanço de pagamentos e pressões continuadas sobre a moeda inglesa. As perspectivas dos mercados quanto à sustentação da paridade eram pessimistas, e os ajustamentos entre países superavitários e deficitários não ocorriam. Muito ao contrário, os déficits e os superávits tendiam a se tornar crônicos, em boa medida porque os países superavitários tratavam de trocar seus haveres em "moeda forte" por ouro. Os Estados Unidos e a França e a Alemanha acabaram por concentrar uma fração substancial das reservas em ouro, contribuindo para confirmar as expectativas negativas quanto ao futuro da libra.

---

[14] KEYNES, John Maynard."The Economic Consequences of Mr. Churchill". *In*: MOGGRIDGE, D. (Org.). *The Collected Writings of John Maynard Keynes.* vol. XIX, parte I. Londres: Macmillan, 1981.

CAPÍTULO I - OS TEMPOS DE KEYNES

Os problemas de ajustamento tornaram-se mais graves porque os capitais privados, principalmente de origem norte-americana, entre l925 e 1928 estimulados pelos diferenciais de juros (e ativos baratos) nos países de moeda recém-estabilizada, em particular na Alemanha, formaram bolhas especulativas, ávidos em colher as oportunidades de ganhos de capital. O ciclo de "inflação de ativos" estrangeiros foi concomitante à rápida valorização das ações da bolsa de valores americana. Essa onda de especulação altista, como não poderia deixar de ser, foi alimentada pela expansão do crédito nos Estados Unidos, onde as taxas de desconto haviam sido reduzidas, em 1927, para aliviar as pressões exercidas contra a libra.

O desastre que se seguiu foi consequência da mudança de sinal da política monetária americana, em meados de 1928. O *Federal Reserve*, preocupado com o aquecimento da economia e com a febre dos mercados financeiros subiu a taxa de desconto, provocando o "estouro" da bolha especulativa em outubro de 1929. Os "grilhões dourados" do regime monetário tiveram grande responsabilidade na imobilização das políticas econômicas, determinando uma quase completa incapacidade de resposta e de coordenação dos governos da Europa e, pelo menos até 1933, dos Estados Unidos.

Entre 1929 e o início da Segunda Guerra, as economias capitalistas mergulharam em violenta queda de preços das mercadorias; deflação de ativos; sucessivas e intermináveis crises bancárias; desvalorizações competitivas das moedas; ruptura do comércio internacional e do sistema de pagamentos; e, finalmente, colapso do *Gold-exchange standard*. As taxas de desemprego atingiram cifras superiores a 20% da população economicamente ativa e os níveis de utilização da capacidade caíram dramaticamente, chegando, em alguns casos, a 30% do potencial instalado.

Keynes advertiu, em *A Treatise on Money*, que o grau em que uma economia, individualmente, é capaz de, ao mesmo tempo, manter as condições de estabilidade interna e o equilíbrio de sua posição internacional depende de seu *poderio financeiro*. Depois da Primeira Guerra os Estados Unidos estavam em condições de ignorar seu desequilíbrio externo por longo período, em proveito de sua estabilidade interna, enquanto a Grã-Bretanha podia ser tomada como exemplo de um país que estava obrigado a conceder atenção prioritária à situação externa de sua economia, em detrimento do desempenho doméstico.

As classes dirigentes e dominantes aparentemente negligenciaram a natureza essencialmente política do padrão-ouro, ao tentar restabelecê-lo, sob a forma do *Gold-exchange standard*, a qualquer custo, na posteridade da Primeira Grande Guerra.

Diante dos enormes desequilíbrios financeiros dos anos 1920, nascidos do problema das reparações lançadas contra a Alemanha derrotada e da volta precipitada ao padrão-ouro, o projeto do governo republicano dos Estados Unidos era concentrar nas mãos dos grandes bancos privados americanos a responsabilidade pelos financiamentos "de última instância". A ação do Banco Morgan foi, aliás, o sinal para "explosão" dos financiamentos americanos de curto prazo para a Europa, sobretudo para a Alemanha.

A Depressão e a experiência do nazifascismo colocaram sob suspeita as pregações que exaltavam as virtudes do liberalismo econômico. Frações importantes da burguesia europeia e norte-americana, diante do avanço da crise social e do desemprego, tiveram de rever seu patrocínio incondicional ao ideário do livre-mercado e às políticas – desastrosas – de austeridade na gestão do orçamento e da moeda. A contração do comércio mundial, provocada pelas desvalorizações competitivas e pelos aumentos de tarifas, como foi o caso da lei Smoot-Hawley nos Estados Unidos, provocou uma onda de desconfiança em relação às proclamadas virtudes do livre-comércio e deu origem a práticas de comércio bilateral e à adoção de controles cambiais. Na Alemanha nazista esses métodos de administração cambial incluíam a suspensão dos pagamentos das reparações e dos compromissos em moeda estrangeira, nascidos do ciclo de endividamento que se seguiu à estabilização do marco em 1924.

Em meio ao festival das "desvalorizações competitivas" do começo dos anos 1930, quando a palavra de ordem era *"beggar thy neighbour"*, Hjalmar Schacht lançou, em 1934, o "Novo Plano". O "Plano" impunha

CAPÍTULO I - OS TEMPOS DE KEYNES

uma brutal centralização do câmbio. Qualquer transação em moeda estrangeira ou pagamento de dívida não poderiam ser efetuados diretamente entre residentes e não residentes. Tudo tinha de passar pelo controle e pela permissão da burocracia do Reichsbank. A violação dessas normas era considerada "crime de alta traição à Mãe-Pátria". Os métodos extremos de controle cambial incluíam a adoção de práticas de comércio bilateral com os países da periferia europeia e sul-americana, que estavam praticamente alijados dos negócios internacionais desde o *crash* de 1929.

Schacht manteve inalterada a paridade entre o marco e o ouro. Em consequência, a moeda alemã valorizou-se bastante em relação ao dólar, à libra e ao franco francês, ainda que no mercado "livre" de divisas o marco estivesse sendo negociado com um deságio de 50%. Um Fundo de Conversão, estabelecido no Reichsbank, obrigava os devedores alemães em moeda estrangeira a pagar integralmente esses compromissos em marcos sobrevalorizados e "bloqueava", ao mesmo tempo, a transferência de divisas para o exterior. Tais expedientes resultaram na economia de divisas e no aumento da arrecadação do Tesouro. Com isso, Sachct, na verdade, criou um imposto sobre os devedores em moeda estrangeira, incrementou a demanda de moeda nacional, conseguiu recursos fiscais para "fundar" o financiamento do gasto público e liberou a política monetária da ditadura do balanço de pagamentos.

Keynes reconhece ter-se inspirado no "Plano Alemão" para formular a sua proposta da *International Clearing Union*, apresentada nas negociações de reforma que antecederam a reunião de Bretton Woods.

Capítulo II
KEYNES EM SEU TEMPO

Em sua obra-prima *Cultura e sociedade*, Raymond Williams elabora um capítulo esclarecedor sobre os ensaios de John Stuart Mill escritos entre 1838 e 1840. Stuart Mill teria feito um esforço para conciliar as divergências entre o utilitarismo de Jeremy Bentham e o idealismo de Samuel Taylor Coleridge, em um momento em que o utilitarismo sofria uma forte reação crítica.[15]

Nos estertores do século XVIII já proliferavam as críticas aos males do industrialismo. As críticas e os clamores revelavam duas vozes antitéticas: uma ecoava as resistências do conservador, adversário feroz da Revolução Francesa e da democracia, Edmund Burke; a outra enunciava as revoltas do panfletário radical William Cobbett. Entre o final do século XVIII e o começo do XIX, eles se sucederam nas denúncias dos males produzidos pela Revolução Industrial e por suas consequências sociais e políticas. A despeito de suas diferenças, o ultraconservador Burke e o radical Cobbett investiram contra os desajustes provocados pelo caráter revolucionário da indústria e as formas de convivência nascidas do surgimento da classe trabalhadora industrial.

Assentada sobre suas bases materiais, a economia da indústria promoveu a nova sociabilidade, aquela amparada nas realidades do

---

[15] WILLIAMS, Raymond. *Cultura e sociedade:* de Coleridge a Orwell. São Paulo: Vozes, 2011.

assalariamento generalizado e nas aspirações de liberdade e de autonomia individual.

Na mesma toada, o industrialismo capitalista suscitou o desenvolvimento da metrópole, tabernáculo da modernidade, cuja efervescência cultural exprimia as dissonâncias entre os prodígios da riqueza material e as misérias sociais. A crença na ideia de progresso inscrita nos pórticos do século XIX encontrou-se com as interrogações expostas nas obras de Balzac, Dickens, Baudelaire, Flaubert e Zola.

Keynes nasceu em 1883, o ano da morte de Karl Marx. Já no início do século XX, quando o jovem Keynes deixava o colégio Eton para estudar na Universidade de Cambridge, a Inglaterra se contorcia entre as rememorações das glórias imperiais da era vitoriana e a sensação de decadência que marcou a era eduardiana. Admitido em 1903 nos Apóstolos, o sodalício secreto dos livre-pensadores de Cambridge, Keynes tornou-se secretário da sociedade dois anos depois. Ficou conhecido por sua impaciência com os talentos medianos e pela arrogância com que tratava os postulantes à confraria.[16]

Nesse momento, prospera o socialismo fabiano do casal Webb – Sidney e Beatrice –, com franca adesão de George Bernard Shaw. Da mesma explosão antivitoriana emergiu o movimento sufragista. Esse movimento social não se restringia ao direito de voto das mulheres, mas envolvia a luta social pela igualdade de direitos, tema que foi abraçado por Keynes em sua permanente rebelião contra a moral vitoriana. O movimento sufragista contou com a participação ativa de sua mãe, Florence Ada Keynes.

Nos Apóstolos e no ambiente do Grupo de Bloomsbury, Keynes desenvolveu suas concepções da vida social e da condição humana. Na juventude, Keynes abraçou a filosofia moral inspirada no idealismo de Samuel Coleridge e no platonismo de G. E. Moore.

---

[16] Os Apóstolos nasceram em Cambridge, em 1820, sob o nome de Cambridge Conversazione Society. A irmandade era composta de doze membros, recrutados conforme critérios indefinidos e aplicados de forma secreta.

CAPÍTULO II - KEYNES EM SEU TEMPO

No artigo *My Early Beliefs*, publicado em 1938, Keynes faz uma exposição brilhante do platonismo de Moore, mas termina por confessar os pecados dessa filosofia moral:

> Estávamos entre os primeiros a escapar do benthamismo. Mas éramos os herdeiros impenitentes e os últimos defensores de outra heresia oitocentista. Estávamos entre os últimos dos utopistas, ou melhoristas, como às vezes são chamados aqueles que acreditam em um progresso moral contínuo pela virtude de que a raça humana já consiste em pessoas confiáveis, racionais, decentes, influenciadas pela verdade e padrões objetivos, que podem ser seguramente libertadas das restrições externas das convenções e dos padrões tradicionais e das regras inflexíveis de conduta, e deixadas, de agora em diante, às suas próprias capacidades sensoriais, motivações puras e intuições confiáveis do *bem*. A visão de que a natureza humana é racional tinha, em 1903, uma longa história por trás dela. Ela calçava a ética do autointeresse – autointeresse racional, como era chamado – tanto quanto a ética universal de Kant ou Bentham que visava ao bem comum; isso porque, à medida que o autointeresse era *racional,* se supunha que os sistemas egoístas e altruístas conduziriam, na prática, às mesmas conclusões[...] Não era apenas que intelectualmente erámos pré-freudianos, mas nós tínhamos perdido algo que nossos antecessores tinham, sem substituí-lo.[17]

Essa digressão pode ser entendida como uma autocrítica cruel das *primeiras crenças*: a fuga do individualismo utilitarista atolou no pântano do individualismo platônico enclausurado nas abstrações dos "estados mentais" do bom, do bem e do belo, de Moore. Em *My Early Beliefs*, Keynes sintetiza os efeitos do choque causado pela Grande Guerra sobre as consciências da contraelite inglesa acantonada em Bloomsbury: "Existíamos no mundo dos *Diálogos* de Platão; não tínhamos alcançado a *República*, muito menos *As leis*".[18]

---

[17] KEYNES, John Maynard. "My Early Beliefs". *In*: MOGGRIDGE, D. (Org.). *The Collected Writings of John Maynard Keynes*. vol. X. Londres: Macmillan, 1972, pp. 447/448.

[18] KEYNES, John Maynard. "My Early Beliefs". *In*: MOGGRIDGE, D. (Org.). *The Collected Writings of John Maynard Keynes*. vol. X. Londres: Macmillan, 1972, pp. 447/448.

As abstrações do *ideal* de Moore desmancharam-se diante dos horrores da vida concreta revelados pela guerra. "Não estávamos conscientes de que a civilização era uma crosta fina e débil construída pela personalidade e pela vontade de alguns poucos, e sustentada apenas por regras e convenções habilmente transmitidas e engenhosamente preservadas."[19] Essa foi uma reviravolta espiritual que persistiria como fundamento filosófico e metodológico da obra econômica de Keynes: das fantasias individualistas e racionalistas do "Principia Ethica" para os cruéis labirintos da história, da temporalidade e da incerteza.

Em *A Treatise on Probability*, Keynes buscava os fundamentos de uma teoria das probabilidades marcada pela diferença entre o mundo físico e o mundo moral.[20] Ele rejeita as tentativas de substituição do enunciado determinista, linear e uniforme das leis da ciência clássica pela versão probabilística que pretendia enunciá-las em termos "atomísticos", atribuindo valores calculáveis a eventos independentes. Para o autor, não é legítimo supor que os eventos do mundo social e moral, onde se efetuam as avaliações econômicas, possam ser objetos de um cálculo matemático, como se se tratasse da atribuição de probabilidades numéricas a um jogo de dados. No mundo social e moral as probabilidades estão condicionadas ao "peso do argumento", o que envolve uma avaliação qualitativa das circunstâncias históricas e concretas em que são tomadas as decisões humanas.

Maynard terminou por abraçar a crença de que a sociedade e o indivíduo são produtos da tradição e da história – "Regras e convenções habilmente transmitidas e engenhosamente preservadas". Tinha horror ao igualitarismo utilitarista de Bentham. Por isso continuou a cultivar os valores de uma irreverente moral antivitoriana e não abandonou o princípio da sociedade como *unidade orgânica* ao tratar dos fenômenos do mundo moral. Depois da guerra e de Versalhes, Maynard acentuou sua rejeição ao liberalismo vitoriano.

Em sua caminhada para a *Teoria geral*, Keynes construiu a ruptura com a chamada Escola Clássica. A dissensão foi mais radical do

---

[19] KEYNES, John Maynard. "My Early Beliefs". *In*: MOGGRIDGE, D. (Org.). *The Collected Writings of John Maynard Keynes*. vol. X. Londres: Macmillan, 1972, pp. 447.

[20] KEYNES, John Maynard. "A Treatise on Probability" *In*: MOGGRIDGE, D. (Org.). *The Collected Writings of John Maynard Keynes*. vol. VIII. Londres: Macmillan, 1973.

CAPÍTULO II - KEYNES EM SEU TEMPO

que admitem seus detratores e até mesmo alguns de seus discípulos. *A Treatise on Probability* derramou suas lições em *As consequências econômicas da paz*.

Em *As consequências econômicas da paz*, Keynes eviscerou o Tratado de Versalhes e apontou a miopia dos vencedores, que concentraram suas demandas na destruição econômica e social da Alemanha ao exigir as reparações, ao mesmo tempo que submetiam o país vencido ao esmagamento de sua capacidade econômica. Entre os leitores da obra estava Sigmund Freud, que se tornou um admirador do talento de Keynes ao descrever o jogo das personalidades na Conferência, onde estavam o francês Georges Clemenceau, o americano Woodrow Wilson e o britânico David Lloyd George.

A questão das reparações foi tratada de modo a contestar o consenso dos chefes de Estado reunidos na Conferência de Paris. Keynes advogou a concessão de condições compatíveis com a capacidade de pagamento da Alemanha. Para demonstrar suas razões, formulou o conceito de "transferência real de recursos", o que envolvia não só a geração de excedentes nas receitas fiscais domésticas, como também a produção de saldos comerciais capazes de garantir as divisas suficientes para o pagamento das reparações nas condições estipuladas, que impunham um arrocho fiscal e, ao mesmo tempo, espremiam a capacidade exportadora da Alemanha. Os vencedores cuidaram de impedir a operação da frota naval alemã, no momento em que o pagamento das reparações exigia saldos comerciais elevados para um país cuja economia já estava debilitada pela guerra.

Em *A Tract on Monetary Reform*, ainda aprisionado nas cadeias da economia marshalliana, Maynard arrisca proposições que já denunciam seu desconforto com as insuficiências da abordagem cambridgeana da teoria quantitativa da moeda. No capítulo I, "The Consequences to Society of Changes in the Value of Money", discute os efeitos da inflação e da deflação na distribuição de renda entre as classes sociais: "A inflação é injusta, e a deflação, ineficiente; entre as duas, talvez a deflação – descontadas as inflações exageradas como a da Alemanha – seja a pior num mundo empobrecido, ao provocar desemprego em vez de desapontar o rentista".[21] Em seguida, Keynes dispara contra o "capitalismo individualista": ao encarregar a poupança ao investidor individual e a produção ao empresário individual, esse capitalismo *presume* uma medida invariável de valor: "Por essas razões, devemos nos livrar da desconfiança em relação à regulação do padrão monetário e propor sua submissão ao [controle] de decisões deliberadas".[22]

Keynes investe aqui contra a naturalização do dinheiro, suposição implícita nas crenças e práticas do padrão-ouro. Essas crenças e práticas atribuem ao padrão metálico "características do clima, da taxa de natalidade e da Constituição, fenômenos governados por causas naturais ou resultantes da ação de muitos indivíduos agindo separadamente, ou que requerem uma revolução para mudar as regras".[23]

É escancarada a rejeição de Keynes aos postulados naturalistas da Escola Clássica. Nas últimas décadas do século XIX, a economia política do liberalismo triunfante tomou como paradigma científico a construção da mecânica clássica e como paradigma moral o *utilitarismo* da filosofia radical do final do século XVIII. O *homo oeconomicus*, dotado de conhecimento perfeito, maximiza a sua função de utilidade, diante das restrições de recursos que lhe são impostas pela natureza ou pelo estado da técnica. Os modelos de equilíbrio geral, com mercados competitivos para todas as datas e contingências, são replicantes do Demônio de Laplace: uma inteligência que abarcaria, na mesma fórmula, os movimentos dos maiores corpos do universo e do menor átomo: para ele nada seria incerto, e o futuro e o passado estariam sempre presentes sob seus olhos.

---

[21] KEYNES, John Maynard. "A Tract on Monetary Reform". *In*: MOGGRIDGE, D. (Org.). *The Collected Writings of John Maynard Keynes*. vol. IV. Londres: Macmillan, 1971, p. 36.

[22] KEYNES, John Maynard. "A Tract on Monetary Reform". *In*: MOGGRIDGE, D. (Org.). *The Collected Writings of John Maynard Keynes*. vol. IV. Londres: Macmillan, 1971, p. 36.

[23] KEYNES, John Maynard. "A Tract on Monetary Reform". *In*: MOGGRIDGE, D. (Org.). *The Collected Writings of John Maynard Keynes*. vol. IV. Londres: Macmillan, 1971, p. 36.

CAPÍTULO II - KEYNES EM SEU TEMPO

Aqui, cabe uma menção à influência de Alfred Marshall na economia de Keynes. A concepção prosaica e prática do indivíduo utilitarista – sua insuperável submissão à incerteza, numa economia em que as decisões são descentralizadas – encontra em Marshall um precursor. Marshall vai se apoiar numa hipótese mais modesta acerca do comportamento do indivíduo utilitarista. Procura pensar o comportamento do indivíduo como um processo de aprendizado em que a racionalidade é um meio limitado de enfrentar a concorrência e avaliar o comportamento dos outros. Não constrói arquétipos do real (aquilo que está por detrás do comportamento visível, a "verdadeira" natureza das relações econômicas). No prefácio à primeira edição dos *Princípios de economia*, Marshall faz questão de sublinhar sua discordância das teorias que se apoiam no conceito reducionista de *homo oeconomicus*:

> Tem-se tentado, na verdade, construir uma ciência abstrata com respeito às ações de um "homem econômico" que não esteja sob influências éticas e que procure, prudente e energicamente, obter ganhos pecuniários movido por impulsos mecânicos e egoístas [...]. Na presente obra considera-se ação normal aquela que se espera, sob certas condições, dos membros de um grupo industrial [...]. A esperteza normal para procurar os melhores mercados onde comprar e vender, ou, ainda, para descobrir a melhor ocupação para si próprio ou para seus filhos – todas essas e outras suposições semelhantes serão relativas aos membros de uma classe particular, em determinado lugar e em determinado tempo.[24]

Em Marshall a ideia de equilíbrio supõe a *reprodução das circunstâncias existentes*, isto é, o equilíbrio se mantém enquanto os agentes imaginam que sua ação vem se desenvolvendo nas mesmas condições que vinham prevalecendo no passado. Marshall, ao contrário do que pretende Walras nos estudos sobre o Equilíbrio Geral, não procura qualquer transcendência no indivíduo racional e nos mercados competitivos. Para ele, a concorrência era um processo real, desenvolvido ao longo do

---

[24] MARSHALL, Alfred. *Princípios de economia*. Coleção "Os Economistas". vol. 1. São Paulo: Abril, pp. 3/4.

tempo histórico, não podendo ser deduzido axiomaticamente do "comportamento racional e maximizador" dos indivíduos isolados. A concorrência é um *processo* que envolve o conjunto dos produtores e dos consumidores na busca da maior utilidade possível. Em *cada momento* do tempo as relações cambiantes entre a utilidade e o custo determinam as forças da demanda e as condições da oferta.

É dessa perspectiva que deve ser entendido o conceito de empresa representativa (hoje em dia utiliza-se no chamado *mainstream* a ideia de "agente representativo", um modelo de agente racional cujo comportamento paradigmático é o tipo ideal de todos os protagonistas da ação econômica). Para Marshall, a empresa representativa não é uma abstração dessa natureza. É a empresa média, que pode ser comparada com a indústria de composição orgânica média de Marx. Em determinado momento do processo de concorrência a economia apresenta – do ponto de vista da eficiência, medida pela capacidade de auferir *lucros normais* – empresas que estão abaixo e acima desse padrão. A concorrência conduz o conjunto das empresas, de forma desigual, a se aproximar ou a se afastar da empresa média – da empresa representativa. Isso implica o aparecimento de novos produtores e o desaparecimento daqueles que vão se afastando da "empresa média".

As curvas de oferta e de demanda alteram-se de acordo com a mudança na preferência dos consumidores e conforme o deslocamento da curva de custos (daí a relevância dos ganhos de escala e das economias externas), levando o conjunto do sistema produtivo para outro ponto. Os pontos em que se cruzam as curvas de oferta mostram onde se situam as *possibilidades* de equilíbrio, *ao longo* do processo de concorrência entre as empresas.

Em seu célebre artigo de 1926, *O fim do laissez-faire*[25], John Maynard Keynes faz uma apresentação, ao mesmo tempo erudita e cruel, das incongruências entre a ideologia do liberalismo econômico puro e duro e as novas realidades construídas pelo incessante movimento de

---

[25] KEYNES, John Maynard. O fim do "laissez-faire". *In*: SZMRECSÁNYI, Tamás (Org.). *Keynes* (Economia). São Paulo: Ática, 1983, pp. 106-126.

transformação do capitalismo. Irreverente, ridicularizou a vulgarização do ideário liberal individualista exposta nas *Easy Lessons on Money Matters: For the Use of Young People* [Lições fáceis sobre assuntos financeiros para o uso dos jovens], panfleto que a Sociedade para a Promoção do Conhecimento Cristão do Arcebispo Whately "distribuía indiscriminadamente". As tais *Lições* pregavam aos jovens ensinamentos inefáveis: "Provavelmente, deve causar mais dano do que bem qualquer interferência do governo nas transações monetárias dos homens, seja emprestando e tomando emprestado, seja comprando e vendendo qualquer coisa". A *verdadeira* liberdade é "que cada homem deveria ser deixado livre para dispor de sua própria propriedade, de seu próprio tempo, de sua própria força e habilidade, qualquer que seja a maneira que ele julgar adequada, desde que não prejudique seus vizinhos".[26]

Keynes fulminou: "Em suma, o dogma se apropriou da matriz educacional. Tornou-se um receituário de manual. A filosofia política que os séculos XVII e XVIII forjaram para derrubar reis e prelados se converteu em leite para bebês e, literalmente, adentrou o quarto das crianças". Na mesma toada ele vergastou a ideia de que a busca do interesse privado levaria necessariamente ao bem-estar coletivo: "Não é uma dedução correta dos princípios da teoria econômica afirmar que o egoísmo esclarecido leva sempre ao interesse público. Nem é verdade que o autointeresse é, em geral, esclarecido".[27]

Como seus amigos de Bloomsbury, Keynes era intolerante com a hipocrisia das classes dominantes, mas guardava um distância aristocrática em relação às classes subalternas. Desejava a igualdade, mas repudiava igualitarismo que atribuía aos benthamitas e marxistas, que, segundo ele, também eram filhos do utilitarismo e do "vício ricardiano".

Neste particular, Keynes não estava distante de Bernard Shaw, cujo socialismo era ostensivamente avesso às massas brutalizadas pelas

---

[26] KEYNES, John Maynard. "Essays in Persuasion". *In*: MOGGRIDGE, D. (Org.). *The Collected Writings of John Maynard Keynes*. vol. IX. Londres: Macmillan, 1972, p. 280.

[27] KEYNES, John Maynard. "Essays in Persuasion". *In*: MOGGRIDGE, D. (Org.). *The Collected Writings of John Maynard Keynes*. vol. IX. Londres: Macmillan, 1972, p. 280.

inclemências da vida urbana engendradas pelos atropelos do capitalismo manchesteriano:

> Temos que admitir: a humanidade capitalista, uma massa informe, é detestável. Tanto os ricos quantos os pobres são verdadeiramente odiosos em si mesmos. De minha parte, odeio os pobres e espero ansiosamente seu extermínio. Compadeço-me um pouco dos ricos, mas me sinto igualmente inclinado a seu extermínio. As classes trabalhadores, as classes empresariais, as classes profissionais, as classes dirigentes, são cada uma mais aborrecida que a outra: não têm direito a viver e eu me desesperaria se não soubesse que todas vão perecer logo, e não há qualquer necessidade de que sejam substituídas por gente como elas. Não obstante isso, não me considero um misantropo, mas uma pessoa de afetos normais.[28]

Shaw não falava de pobres e ricos, mas da "humanidade capitalista, essa massa informe e detestável", incapaz de exercitar os valores da liberdade e da autonomia do indivíduo prometidos pelo liberalismo político.

Ao justificar sua adesão ao Partido Liberal, em *Am I a Liberal?* (1925), Keynes revela seus preconceitos contra a sociedade de massas e sua democracia. Ele se pergunta:

> Qual é a verdadeira repulsa que me mantém afastado do Partido Trabalhista? Eu não posso explicar isso sem abordar minha posição fundamental. Eu acredito que no futuro, mais do que nunca, questões sobre a estrutura econômica da sociedade serão de longe os temas políticos mais importantes. Eu acredito que a solução correta envolverá elementos intelectuais e científicos que estarão acima da compreensão da vasta massa de eleitores mais ou menos iletrados. Agora, numa democracia, todo partido depende dessa massa de eleitores cuja capacidade de compreensão é baixa, e nenhum partido atingirá o poder sem ganhar a confiança

---

[28] SHAW, Bernard. *The Intelligent Woman's Guide to Socialism and Capitalism*. Nova York: Brentano's Publishers, 1928.

CAPÍTULO II - KEYNES EM SEU TEMPO

desses eleitores por meio de sua persuasão em termos gerais, no tocante à intenção de promover seus interesses ou gratificar suas paixões.[29]

Esses valores e preconceitos não só não o impediram, como o empenharam na batalha para a redução da influência do econômico na vida dos cidadãos e na luta pela ampliação no avanço do aperfeiçoamento do indivíduo. Keynes, como Shaw, acreditava que o futuro estava reservado para uma sociedade de indivíduos "esclarecidos" capaz de realizar as promessas da liberdade, autonomia e aperfeiçoamento do homem moderno. Na nova sociedade, como na república de Platão, as vulgaridades das massas e a acumulação de riqueza material estariam sob o controle dos sábios e não submetida aos caprichos e azares, vulgaridades do mercado e de seus protagonistas ignorantes.

Em um trecho da resenha crítica ao livro *The World of William Clissold*, de HG Wells, Keynes revela que o autor recomendava o recrutamento dos revolucionários na direita e não na esquerda:

> Devemos convencer esse tipo de homem, que agora se diverte criando grandes negócios, de que coisas maiores o esperam e o divertirão ainda mais [...] Esta é a "conspiração pública" de *Clissold*. A direção de *Clissold* é à esquerda. Muito à esquerda. Mas ele precisa buscar na direita a força criativa e a determinação construtiva que o levarão para lá. Ele (Clissold) se descreve como temperamental e fundamentalmente um liberal. No entanto, o liberalismo político precisa morrer para nascer de novo com traços mais firmes e desejos mais claros.[30]

Os últimos parágrafos da resenha do livro de Wells combinam ironia e desencanto. Keynes se indaga porque homens práticos, como Clissold, acham mais divertido ganhar dinheiro em vez de participar de

---

[29] KEYNES, John Maynard. "Essays in Persuasion". *In*: MOGGRIDGE, D. (Org.). *The Collected Writings of John Maynard Keynes*. vol. IX. Londres: Macmillan, 1972, p. 295.
[30] KEYNES, John Maynard. 'Essays in Persuasion". *In*: MOGGRIDGE, D. (Org.). *The Collected Writings of John Maynard Keynes*. vol. IX. Londres: Macmillan, 1972, p. 319.

uma conspiração. Responde: "Eles flutuam em torno do mundo buscando algo em que possam grudar sua libido abundante [...] Mas não encontram. Eles gostariam de ser apóstolos. Mas não podem. Permanecem homens de negócios".[31]

Publicado em 1930 na revista *The Nation and Athenaeum* e republicado em 1931 nos *Essays in Persuasion,* o artigo *Economic Possibilities for our Grandchildren* pretendia superar o pessimismo que afligia os tempos da Grande Depressão – tempos açoitados pela derrocada econômica, pelo desespero social e pela turbação política.

No seu estilo peculiar, avesso aos cacoetes da linguagem usual dos economistas, Keynes desenha as possibilidades econômicas dos 100 anos seguintes. Na visão do autor, o capitalismo, impulsionado pelo avanço tecnológico e pela rápida acumulação produtiva, criou as condições para a superação das limitações impostas milenarmente à satisfação das necessidades básicas. Essa vitória sobre a escassez acenou com a fruição de uma vida boa, moral e culturalmente enriquecedora para homens e mulheres. No entanto, em sua maníaca obsessão pela acumulação monetária, o capitalismo cria tantos problemas quanto os que consegue resolver. A admirável "criatividade" produtiva e tecnológica não consegue realizar a promessa da vida boa. Os poderes que o convocam à produção da abundância são os mesmos que submetem as criaturas humanas ao vício do consumismo, à permanente insatisfação das necessidades ilimitadas, aos grilhões do impulso insaciável da acumulação de riqueza monetária.

Nesse texto perturbador para o *ethos* da sociedade aprisionada nas engrenagens da concorrência, Keynes escreve:

> Devemos abandonar os falsos princípios morais que nos conduziram nos últimos dois séculos. Eles colocaram as características humanas mais desagradáveis na posição das mais elevadas virtudes. Não há nenhum país, nenhum povo, que possa vislumbrar a era

---

[31] KEYNES, John Maynard. "Essays in Persuasion". *In*: MOGGRIDGE, D. (Org.). *The Collected Writings of John Maynard Keynes.* vol. IX. Londres: Macmillan, 1972, p. 320.

CAPÍTULO II - KEYNES EM SEU TEMPO

do tempo livre e da abundância sem um calafrio [...], pois fomos educados para o esforço aquisitivo e não para fruir [...]. Se avaliarmos o comportamento e as realizações das classes abastadas de hoje, as perspectivas são deprimentes [...] Os que dispõem de rendimentos diferenciados, mas não têm deveres ou laços, falharam, em sua maioria, de forma desastrosa no encaminhamento dos problemas que lhes foram apresentados.[32]

O "amor ao dinheiro", dizia Keynes, é o sentimento que move o indivíduo na economia mercantil-capitalista. A acumulação de riqueza é benfazeja quando dirigida ao progresso material das comunidades e à disseminação dos confortos e facilidades da vida moderna. No entanto, fator de progresso e de mudança social, *the love of money* termina por degenerar em vício e tormento para o homem moderno.

---

[32] KEYNES, John Maynard. "Essays in Persuasion". *In*: MOGGRIDGE, D. (Org.). *The Collected Writings of John Maynard Keynes*. vol. IX. Londres: Macmillan, 1972, p. 329.

Capítulo III
DA *TEORIA GERAL* AO *TREATISE*: A LUTA PARA ESCAPAR DAS VELHAS IDEIAS

Em sua trajetória de economista – desde o *Indian Currency and Finance* até o *Treatise on Money*, passando pelo *Tract on Monetary Reform* –, Keynes despendeu enorme esforço intelectual para construir o conceito "economia monetária da produção".

Neste livro, escolhemos partir da *Teoria geral* como culminação da investigação keynesiana a respeito do capitalismo como economia monetária, ou seja, um regime econômico em que o dinheiro desempenha um papel peculiar que o distingue de outros bens.[33] Nosso percurso é, portanto, retroativo. Partimos da "obra definitiva" para averiguar o caminho percorrido até a sua construção.

A formulação e o desenvolvimento da hipótese da demanda efetiva como decisão crucial na economia monetária da produção percorrem antes os caminhos escarpados da fuga das "ideias velhas que rondam até o último reduto do entendimento daqueles que foram educados nelas como quase todos nós".[34]

---

[33] KEYNES, John Maynard. *Teoria geral do emprego, do juro e do dinheiro*. Rio de Janeiro: Fundo de Cultura, 1970, Cap. 17.

[34] KEYNES, John Maynard. *Teoria geral do emprego, do juro e do dinheiro*. Rio de Janeiro: Fundo de Cultura, 1970, p. 11.

Em 1931, um ano depois da publicação do *Treatise*, Keynes esclarece sua preocupação com a integração da moeda às decisões de posse de ativos e à determinação do preço da "produção como um todo":

> Há uma multidão de ativos reais no mundo, os quais constituem a nossa riqueza de capital: construções, estoques de mercadorias, bens em processo de produção e de transporte e assim por diante. Os proprietários nominais desses ativos, no entanto, têm, frequentemente, tomado dinheiro emprestado para entrar na posse deles. Em contrapartida, os verdadeiros possuidores da riqueza detêm direitos, não sobre os ativos reais, mas sobre o dinheiro. Uma considerável parte desse financiamento ocorre por meio do sistema bancário que interpõe sua garantia ampla entre os depositantes, que emprestam o dinheiro, e os tomadores de dinheiro, que buscam estes fundos para financiar a compra de ativos reais. A interposição desse véu monetário entre o ativo real e o possuidor da riqueza é a marca registrada do mundo moderno.[35]

A luta de Keynes para "escapar das velhas ideias" está exposta no prefácio da *Teoria geral*. Keynes aponta com clareza para as diferenças de concepção e de método entre as duas obras:

> A relação entre este livro [*Teoria geral*] e o meu *Tratado sobre a moeda*, que publiquei há cinco anos, provavelmente é mais clara para mim do que para os demais; e o que do meu ponto de vista representa uma evolução natural das ideias que tenho seguido por vários anos pode parecer aos leitores uma confusa mudança de visão [...]. Quando comecei a escrever meu *Tratado sobre a moeda*, eu seguia os caminhos tradicionais que consideram a influência do dinheiro como algo que deveria ser tratado separadamente das leis da oferta e da procura. Ao terminar o *Tratado*, havia realizado alguns progressos no sentido transformar a teo-

---

[35] "The General Theory an After, Part II". *In*: MOGGRIDGE, D. (Org.). *The Collected Writings of John Maynard Keynes*. vol. XIV. Londres: Macmillan, 1973, p. 151.

CAPÍTULO III - DA TEORIA GERAL AO *TREATISE*: A LUTA PARA ESCAPAR...

> ria monetária em uma teoria da produção como um todo. No entanto, minha submissão às ideias pré-concebidas revelou-se uma monumental falha das partes teóricas do trabalho; falhei completamente ao tratar dos efeitos das mudanças no nível da produção. As chamadas "equações fundamentais" eram fotografias instantâneas do sistema econômico, tomadas como suposição de uma produção determinada de antemão. Procurava demonstrar, partindo desse suposto, de que maneira poderiam se desenvolver certas forças que provocam desequilíbrio nos lucros, requerendo, assim, mudanças no nível da produção. Por oposição à fotografia instantânea, a dinâmica resultava incompleta e extraordinariamente confusa.[36]

Respeitando as observações de Keynes, vamos tratar agora das "equações fundamentais" e dos avanços e limites do *Treatise*.[37] Para nossos propósitos, é suficiente trabalhar com a equação que estabelece a condição de equilíbrio compatível com a estabilidade do nível geral de preços. Os fatores determinantes são o custo salarial (relação salários/produtividade) e a igualdade entre poupança e investimento, onde:

$P = W1 + (I-S)/O$

P – nível geral de preços

W1 – custo dos fatores por unidade de produto

    I – Investimento

    S – Poupança

    O – Valor da produção como um todo

O propósito maior do *Treatise* é questionar a teoria quantitativa da moeda. Keynes se empenha em articular os "fatores reais" (poupança e investimento) e os fatores monetários administrados pelo sistema bancário como determinantes dos preços.

---

[36] KEYNES, John Maynard. *Teoria geral do emprego, do juro e do dinheiro*. Rio de Janeiro: Fundo de Cultura, 1970, p. 10.

[37] KEYNES, John Maynard. "A Treatise on Money". vol I. *In*: MOGGRIDGE, D. (Org.). *The Collected Writings of John Maynard Keynes*. vol. V. Londres: Macmillan, 1971.

Aqui reside uma das dificuldades teóricas do *Treatise on Money*. A construção das equações fundamentais supõe explicitamente a divisão da produção social em dois departamentos para explicar as mudanças no nível geral de preços, ou seja, a transição de uma posição de equilíbrio para outra. Esta seria a forma de se entender a questão dinamicamente:

> Proponho, portanto, romper com o método tradicional de derivar conclusões da teoria quantitativa da moeda sem considerar as finalidades de utilização do dinheiro [...] vou começar, ao contrário, com o fluxo de rendimentos da comunidade, ou seja, com a renda monetária e sua divisão em duas partes: 1) a renda auferida na produção de bens de consumo e de investimento respectivamente; 2) a renda gerada é gasta na aquisição de bens de consumo ou poupada.[38]

Keynes está admitindo que a renda da comunidade é gerada simultaneamente pelas decisões de produção no departamento de bens de consumo e no de bens de produção. A condição de equilíbrio da economia como um todo está dada pela divisão do gasto na mesma proporção da produção e da renda geradas nos dois departamentos.

As decisões de produção (geração da renda) nos setores de bens de consumo e de bens de investimento são tomadas pelos empresários; as decisões de gasto em bens de consumo e, portanto, de poupar, são tomadas pelo "público". São resoluções feitas por protagonistas distintos: de um lado, os empresários decidem a produção e geração da renda da comunidade; de outra parte, o público distribui a renda gerada entre consumo e poupança.

A divisão da renda pelo público entre consumo e poupança depende da taxa natural de juro. A taxa natural reflete a "produtividade do capital" no sentido de Wicksell, Böhm-Bawerk e demais economistas da Escola Austríaca. Trata-se da taxa que exprime a relação entre consumo

---

[38] KEYNES, John Maynard. "A Treatise on Money". vol I. *In*: MOGGRIDGE, D. (Org.). *The Collected Writings of John Maynard Keynes*. vol. V. Londres: Macmillan, 1971, p. 121.

CAPÍTULO III - DA TEORIA GERAL AO *TREATISE*: A LUTA PARA ESCAPAR...

presente e consumo futuro, ou seja, entre a utilização dos recursos reais no presente (consumo) ou no futuro (poupança/investimento). O investimento é um processo longo e indireto de acesso ao consumo (*roundaboutness*), o consumo diferido.

No "lado monetário", os bancos manejam a *bank rate*, a taxa de juros monetária ou de mercado. As flutuações da *bank rate* são determinadas pelas decisões dos detentores de riqueza monetária cujas expectativas "baixistas" ou "altistas" refletidas no aumento ou redução da demanda por "depósitos de poupança" antecipam uma alta ou queda no preço das *securities* que representam, no *Treatise*, o valor de mercado dos ativos reais de capital. As flutuações nos depósitos de poupança no sistema bancário refletem a maior ou menor disposição do público de conservar sua riqueza acumulada – não só a poupança corrente – sob a forma líquida.

No *Treatise*, Keynes trabalha com uma economia de dois ativos, moeda e *securities*, para colocar em evidência as preferências do público a respeito da posse da riqueza. O preço das *securities* está associado ao preço de demanda dos ativos de capital. Por outro lado, o sistema bancário responsável pela criação de moeda pode contrabalançar as decisões do público, muitas vezes inclinadas à polarização de opiniões.

Nesse modelo simplificado de dois ativos, essa condição pode ser retratada, como Keynes o fez, figurando a existência de dois grupos: os "baixistas" – que antecipam o aumento da taxa de juros e a queda dos preços dos títulos – e os "altistas", os que preveem a queda da taxa de juros e a consequente elevação dos preços dos títulos.

Para que os mercados funcionem de forma razoavelmente estável é imprescindível a diversidade de opiniões. Essa divisão não precisa ser perfeitamente equilibrada, mas admite a predominância temporária de uma das facções e supõe que detentores de riqueza mudem de opinião, caso considerem os preços dos ativos e dívidas (e as taxas de juros) no seu limite convencional de baixa (ou de alta).

A efetividade da política monetária vai depender da existência da diversidade de opiniões: ela será eficaz se, por meio da taxa de juros, o sistema bancário conseguir regular as opiniões predominantes nestes polos e, dessa forma, induzir mudanças na composição dos portfólios. Não seria possível reduzir a taxa de juros, por exemplo, se todos estivessem perfilados e firmemente concentrados nas expectativas "baixistas".

Keynes procura escapar das relações diretas entre variação na quantidade de moeda e variação no nível de preços. Ele faz a crítica quer da equação quantitativa de Fisher ($MV = PT$), quer da equação de Cambridge, que relaciona as variações do nível de preços às variações dos saldos reais demandados pelos depositantes no sistema bancário. Assim, por exemplo, se os bancos elevam o volume de empréstimos bancários e, portanto, os saldos monetários, a preferência do público por saldos reais vai diminuir e afetar o nível de preços, de forma a restabelecer a demanda de saldos reais no nível de equilíbrio determinado pela relação entre poupança e investimento. São as variações nas relações entre poupança e investimento que vão determinar as variações no nível geral de preços. Por sua vez, poupança e investimento respondem a mudanças na taxa monetária de mercado que regula as condições do crédito.

Keynes discute a eficácia do manejo da *bank rate* pelo Banco Central. Fala, portanto, dos mecanismos de transmissão e conclui que, se a *bank rate* é efetiva na determinação da taxa de mercado fixada pelos bancos, a transmissão vai se dar mediante alterações na relação entre poupança e investimento, daí para o nível de preços. Uma elevação da taxa estimula a poupança e inibe o investimento. O nível geral de preços cai: "Não é correto dizer que uma mudança na taxa manejada pelo Banco Central muda o nível de preços *porque* está associada com mudanças no volume de dinheiro bancário – especialmente se essa afirmação sugere que o nível de preços irá mudar mais ou menos na mesma proporção que a mudança na quantidade de moeda".[39]

No *Treatise* a demanda por depósitos de poupança reflete o estado das expectativas baixistas e nela está implícita a preferência pela liquidez,

---

[39] KEYNES, John Maynard. "A Treatise on Money". vol I. *In*: MOGGRIDGE, D. (Org.). *The Collected Writings of John Maynard Keynes*. vol. V. Londres: Macmillan, 1971, p. 194.

conceito-chave para o entendimento da taxa de juro como um fenômeno monetário.

A argumentação é desenvolvida de modo a integrar a moeda às decisões de poupar e investir. Trata-se de cuidar da formulação de uma teoria das flutuações a curto prazo do nível geral de preços, sem contemplar, como já foi dito, alterações no volume da produção como um todo. Os desequilíbrios entre poupança e investimento podem gerar "inflações" ou "deflações" de lucros e afetar tão somente os preços com repercussões sobre a remuneração dos fatores de produção (*income inflation*).

Os lucros são concebidos como uma quase renda auferida pelos empresários acima de sua remuneração "normal", da mesma forma que o *salário de eficiência* corresponde ao ganho "normal" da força de trabalho. Estamos aí no território da remuneração dos fatores conforme sua contribuição ao produto de acordo com sua produtividade marginal, suposto da teoria clássica que só será abandonado na *Teoria geral*.

Keynes está apontando para a possibilidade de uma dinâmica. Assim, admite que diante de lucros mais baixos os empresários no período seguinte poderiam ajustar a produção para reduzir os custos. Em caso de lucros mais elevados (*profit inflation*), os empresários seriam estimulados a aumentar a produção e o investimento.

A possibilidade da dinâmica está posta, mas não é levada às últimas consequências. Uma inflação de lucros afeta imediatamente os preços dos bens de capital a serem produzidos e o valor do estoque de ativos produtivos já existentes. A origem dessas flutuações de lucros e preços está no desequilíbrio entre poupança e investimento tratados como fenômenos "reais" e avaliados em termos monetários. Se o investimento é maior do que a poupança, os empresários como categoria social são estimulados a aumentar o investimento e, assim, renovar a inflação de lucros, pressionando os custos de produção dos bens de consumo e dos bens de capital (*income inflation*).

É importante reafirmar que o investimento e poupança não só decorrem de decisões independentes, como são colocados em pé de igualdade e podem ser desiguais. A desigualdade procede do tratamento do lucro como *quase-renda*, ou seja, a remuneração do capital que excede os rendimentos "normais" do empresário. Essa concepção do lucro revela a influência de Marshall na construção de seu tratado da moeda *(A Treatise on Money)*. Como já foi dito, o investimento é realizado pelo conjunto da classe empresarial, enquanto a poupança é uma decisão do "público".

Adiante, veremos que na *Teoria geral*, Keynes constrói uma hierarquia de decisões e subordina a poupança à formação da renda agregada e, portanto, às decisões dos gastos dos capitalistas na produção de bens de consumo e bens de investimento.

Em *A Treatise on Money*, o papel crucial das decisões empresariais ainda não se libertou da teoria clássica, aprisionada nas cadeias da indiferenciação entre as funções do empresário e do "público" consumidor e poupador. O processo cumulativo wickesseliano de desequilíbrio entre poupança e investimento leva à inflação ou deflação. Como "agentes livres" os bancos detêm a capacidade de reconduzir a economia ao equilíbrio mediante um ajustamento da taxa de mercado (*bank rate*) à taxa natural.

A despeito de mencionar "a interposição do véu monetário" entre o ativo real e o possuidor da riqueza, Keynes não consegue "descobrir" a natureza da integração entre os "fatores monetários" e os "fatores reais" no capitalismo. Não alcança, portanto, formular o conceito de "economia monetária da produção".

Não obstante, os avanços do *Treatise* precisam ser sublinhados. A divisão da produção *como um todo* e da geração da renda da comunidade nos dois departamentos abre espaço para o estudo da dinâmica capitalista. Essa dinâmica não alcança uma formulação adequada, porquanto Keynes, ao estabelecer as condições de equilíbrio entre poupança e investimento, coloca no mesmo nível de importância as decisões de investir dos empresários e as decisões do público de consumir e poupar. A maior contribuição dessa obra é o tratamento emprestado ao sistema bancário, ao exercer a prerrogativa da criação de moeda e a função de regulador das transformações patrimoniais dos detentores de riqueza os bancos acomodam as relações entre credores e devedores, quando a poupança excede o investimento e vice-versa. Os bancos assumem, portanto, uma posição central no provimento de liquidez e na administração da riqueza, acomodando as transferências patrimoniais. Ao cuidar da criação de moeda mediante empréstimos bancários que criam depósitos, Keynes desvela a "endogeneidade" da moeda nas economias contemporâneas. Busca, assim, desvencilhar a teoria econômica das armadilhas da *oferta exógena de moeda*, filha dileta da teoria quantitativa.

A partir de sua investigação a respeito do papel crucial do sistema bancário na coordenação das decisões em uma economia monetária, Keynes vai estabelecer as relações entre circulação industrial e circulação financeira. No capítulo XV, o autor desenvolve a possibilidade de um descompasso entre os requerimentos de liquidez da circulação financeira e da circulação industrial. Estão postas, portanto, as condições para a formulação do conceito de preferência pela liquidez. Na *Teoria Geral*, a demanda de moeda por motivo de transação é típica, mas não exclusiva, da circulação industrial, enquanto a demanda especulativa responde aos requisitos da circulação financeira. Estão aí em conflito as funções do dinheiro em uma economia monetária: meio de circulação e de pagamento, de um lado, e reserva de valor, forma geral da riqueza, de outro. A reprodução em "equilíbrio" dessas funções depende do "equilíbrio" de opiniões entre os proprietários da riqueza, "baixistas" e "altistas".

Nesse equilíbrio instável devido a frequentes mudanças de opinião do público, os bancos, como "agentes livres", funcionam tal qual o leiloeiro walrasiano para coordenar as decisões do público e dos empresários, logrando a estabilidade do nível geral de preços.

Capítulo IV
O CAPITALISMO DE KEYNES E A DEMANDA EFETIVA

Discípulo e crítico de Marshall, Keynes também postula uma constituição do econômico antitética àquela proposta pela teoria do equilíbrio geral. Como discípulo, ele estende os instrumentos marshallianos "à análise da produção como um todo". A construção do princípio da demanda efetiva é uma derivação original das curvas de oferta e demanda marshallianas.

Raramente nas divagações a respeito da "macroeconomia keynesiana" críticos e seguidores cuidam de debater o significado da palavra macroeconomia, diga-se, jamais empregada por Keynes. Trata-se de uma órfã de pai conhecido. A vulgata do *mainstream* traduz a expressão "teoria macroeconômica" como "estudo da economia dos agregados", em oposição à microeconomia, dedicada a tratar o fenômeno econômico sob a ótica do comportamento racional dos agentes otimizadores, como a empresa e o consumidor.

Na "ontologia socioeconômica" de Keynes, a economia monetária da produção é concebida como um conjunto de *relações* entre classes sociais, definidas a partir de suas posições no metabolismo econômico do capitalismo. No manuscrito de 1933, descoberto tardiamente e incorporado ao volume XXIX das *Obras completas*, Keynes estabelece uma distinção entre uma economia cooperativa (ou de salário real) e uma economia empresarial. No modelo da economia cooperativa, cumprem-se os postulados da teoria "clássica": 1) o salário real é igual à produtividade marginal do trabalho, que declina à medida que o emprego aumenta, conforme o princípio dos rendimentos decrescentes; 2) a *utilidade* do salário, para um determinado nível de emprego, é igual à desutilidade, na margem, do *esforço* despendido pelo trabalhador.

Keynes argumenta que tal economia só poderia existir se as decisões de produção fossem tomadas de forma centralizada e a distribuição dos recursos obedecesse a um plano racional e não à coordenação – executada através do mercado – de uma multidão de decisões privadas. Na economia cooperativa, o objetivo é a maximização do produto material. Nessa economia, evidentemente, não se apresenta o problema da *demanda efetiva*, uma vez que a decisão de poupar corresponde necessariamente à decisão de investir. Esse deve ser o enunciado rigoroso da Lei de Say, axioma fundamental da economia clássica. Para que esse suposto seja logicamente sustentável, é preciso imaginar que a poupança se traduz diretamente no investimento.

Keynes contrapõe os postulados da economia cooperativa ao modo de funcionamento da economia empresarial. Nos textos preparatórios da *Teoria Geral* ele concebe

> a *organização da sociedade* consistindo, de um lado, em um número de firmas ou empreendedores que possuem equipamento de capital e comando sobre os recursos sob a forma de dinheiro, e de outro, em um número de trabalhadores buscando emprego. Se a firma decide empregar trabalhadores para usar o equipamento de capital e gerar um produto, ela deve ter suficiente comando sobre o dinheiro para pagar os salários e as matérias-primas que adquire de outras firmas durante o período de produção, até o momento em que o produto seja convenientemente vendido por dinheiro.[40]

---

[40] KEYNES, John Maynard. "The General Theory an After, A Supplement". *In*: MOGGRIDGE, D. (Org.). *The Collected Writings of John Maynard Keynes*. vol. XXIX Londres: Macmillan, 1979, pp. 77/78.

CAPÍTULO IV - O CAPITALISMO DE KEYNES E A DEMANDA EFETIVA

A economia empresarial imaginada por Keynes funciona de acordo com o circuito dinheiro-mercadoria-dinheiro, D-M-D', segundo ele, a profícua descoberta de Karl Marx:

> A distinção entre uma economia cooperativa com a economia empresarial guarda alguma relação com a aguda observação de Karl Marx [...]. Ele assinalou que a natureza da produção no mundo atual não deve ser entendida – assim os economistas supõem frequentemente – como um caso M-D-M', isto é, troca de mercadoria por dinheiro com o propósito de obter outra mercadoria. Esse pode ser o ponto de vista do consumidor individual, mas não é a atitude dos negócios que é o caso do D-M-D', isto é, troca dinheiro por mercadoria (ou esforço) com o objetivo de obter mais dinheiro.[41]

O objetivo da produção no capitalismo de Keynes não é a maximização do produto apropriado pelos empresários, mas, sim, a maximização do lucro monetário, o que pode coexistir com um produto menor: "O empresário está interessado, não no volume de produto, mas no valor monetário que vai cair em suas mãos [...] mesmo se a esse lucro corresponda um volume de produto menor do que antes".[42]

Os que se consideram herdeiros da tradição keynesiana dão pouca atenção às conexões que Keynes estabelece na constituição da economia empresarial-capitalista entre a divisão social do trabalho, a propriedade privada dos meios de produção e o caráter monetário da economia. Nela os bancos e demais instituições financeiras desempenham funções essenciais na administração da moeda e do crédito.

É preciso insistir: Keynes, ao conceber a economia monetária da produção, divide a sociedade em dois grupos fundamentais. Um deles

---

[41] KEYNES, John Maynard. "The General Theory an After, A Supplement". *In*: MOGGRIDGE, D. (Org.). *The Collected Writings of John Maynard Keynes*. vol. XXIX Londres: Macmillan, 1979, p. 81.
[42] KEYNES, John Maynard. "The General Theory an After, A Supplement". *In*: MOGGRIDGE, D. (Org.). *The Collected Writings of John Maynard Keynes*. vol. XXIX Londres: Macmillan, 1979, p. 82.

tem a *propriedade* dos meios de produção e o *comando* sobre o dinheiro e sobre o crédito. O outro só consegue obter acesso aos meios de vida vendendo a sua força de trabalho e recebendo, em troca, um salário monetário.

A ideia de *comando* supõe que a classe empresarial-capitalista tenha não apenas a *propriedade* dos meios de produção, mas o controle dos meios capazes de mobilizá-los. Nessa economia, a demanda de trabalho é derivada, no sentido de que a renda e os gastos dos trabalhadores dependem da decisão de gasto dos capitalistas.

A fórmula da circulação do capital utilizada nos manuscritos de 1933 tem o propósito de afirmar o caráter *originário* do gasto monetário capitalista, em um duplo sentido: 1) uma classe social tem a faculdade de gastar acima de sua renda corrente; e 2) essa decisão cria um espaço de valor (a renda nominal), mediante o pagamento dos salários sob a forma monetária. Ao contrário do que preconiza a Lei de Say, em que a oferta cria a sua própria demanda, é o gasto que cria a renda (*expenditure creates income*). O que permite ao capitalista gastar acima de sua renda corrente é a existência – na economia monetária da produção – do sistema bancário e do crédito capaz de criar liquidez na frente para suportar as decisões de gasto dos empreendedores.

No artigo *A teoria geral do emprego* de 1937, Keynes, ao responder às questões suscitadas por Jacob Viner, expõe de maneira clara o processo de geração da renda na "economia como um todo":

> As rendas são geradas em parte por empresários que produzem para investimento e, em parte, por sua produção para o consumo. A quantidade que é consumida depende do montante da renda assim gerada. Portanto, a quantidade de bens de consumo que compensará aos empresários produzir depende da quantidade de bens de investimento que eles estão produzindo. Se, por exemplo, o público tem o hábito de gastar nove décimos de sua renda na compra de bens de consumo, disso resulta que, se os empresários tivessem de produzir bens de consumo a um custo maior do que nove vezes o custo dos bens de investimento que estão produzindo, alguma parte de sua produção não poderia ser vendida a um preço que cobrisse os custos de produção. Isso porque os bens de consumo colocados no mercado teriam de custar mais do que

CAPÍTULO IV - O CAPITALISMO DE KEYNES E A DEMANDA EFETIVA

nove décimos da renda agregada do público e, portanto, excederia a procura de bens de consumo que, por hipótese, é de apenas nove décimos. Assim, os empresários sofrerão um prejuízo até reduzirem sua produção de bens de consumo a um montante que não exceda nove vezes sua produção corrente de bens de investimento.[43]

Nesse artigo, respondendo às interpelações de Viner, Keynes afirma que sua indagação central diz respeito à influência que uma flutuação do investimento terá sobre a escala da produção e do emprego "como um todo". Não se trata de investigar qual o montante de investimento necessário para "ajustar" a demanda agregada à oferta. Essa forma de colocar a questão é a mãe solteira do keynesianismo bastardo.

Keynes prossegue, advertindo que naturalmente o exemplo é demasiado simples para exprimir toda a complexidade do fenômeno. Insiste, contudo, que "há sempre uma fórmula, mais ou menos desse tipo, vinculando a produção de bens de consumo que valem a pena produzir à produção de bens de investimento; e eu atentei para isso em meu livro sob a denominação de 'multiplicador'".[44]

Devem ser sublinhadas, nesse trecho, três proposições:

1. A renda é criada pelo gasto capitalista na produção de bens de investimento e de bens de consumo;
2. Os gastos de consumo dependem do montante da renda;
3. O investimento é a variável determinante no processo de formação da renda e, portanto, da capacidade de consumo do assim chamado "público".

É demasiado patente a diferença entre o que está dito e as falcatruas teóricas e empíricas cometidas por charlatães como Milton Friedman,

---

[43] KEYNES, John Maynard. "The General Theory an After, Part II". In: MOGGRIDGE, D. (Org.). *The Collected Writings of John Maynard Keynes*. vol. XIV. Londres: Macmillan, 1973, p. 120.

[44] KEYNES, John Maynard. "The General Theory an After, Part II". In: MOGGRIDGE, D. (Org.). *The Collected Writings of John Maynard Keynes*. vol. XIV. Londres: Macmillan, 1973, p. 120.

que introduz conceitos como o de "renda permanente" e faz escorregar para o bolso dos trouxas a moeda falsa da "estabilidade" do capitalismo. Estranhamente, há quem se ofereça para comprar o artigo dos moedeiros falsos. O "hiato de demanda" é tão falso quanto a moeda que o senhor Friedman faz circular.

O princípio da demanda efetiva não depende, em qualquer sentido, de uma suposição de insuficiência do consumo ou, reversivamente, de uma hipótese de "excesso" de poupança. Keynes rejeita ambas de forma peremptória em carta a Hobson de fevereiro de 1936:

> A aparente insuficiência do consumo, nessa circunstância, não é realmente devida a uma ausência da capacidade de consumo, mas ao declínio das rendas. O declínio das rendas é devido ao declínio do investimento ocasionado pela insuficiência dos rendimentos do novo investimento quando comparado com a taxa de juro. Assim, o declínio do investimento, reduzindo as rendas abaixo do normal, aparenta produzir um excesso de bens de consumo. No entanto, da mesma forma que a aparência de superinvestimento não significa efetivamente a existência de superinvestimento de um ponto de vista social, também o aparente excesso de bens de consumo não representa um excesso verdadeiro sobre o que deveria ser a capacidade social de consumo. Se medidas são tomadas para aumentar o investimento, o efeito disso sobre a renda elevará a demanda até o ponto em que desapareça essa aparente redundância.[45]

Keynes procurou explicitar a conjugação entre os elementos objetivos e subjetivos que condiciona a decisão de acumular riqueza em uma economia monetária, concebida como o inescapável movimento D-M-D' (Dinheiro-Mercadoria-Dinheiro).

A demanda efetiva é um conceito *ex ante*, e essa caracterização é afirmada por Keynes no artigo "The 'Ex-Ante' Theory of the Rate of

---

[45] KEYNES, John Maynard. "The General Theory an After: A Supplement". *In*: MOGGRIDGE, D. (Org.). *The Collected Writings of John Maynard Keynes*. vol. XXIX Londres: Macmillan, 1979, p. 210.

CAPÍTULO IV - O CAPITALISMO DE KEYNES E A DEMANDA EFETIVA

Interest",[46] em que responde ao economista sueco Bertil Ohlin. Aí Keynes reafirma o "genuíno" caráter *ex ante* da decisão de investimento e rejeita peremptoriamente a ideia de poupança *ex ante*. No princípio da demanda efetiva está implícita uma concepção da dinâmica da economia monetária da produção: são as forças positivas do "amor ao dinheiro" que estimulam os detentores de riqueza a saltar sobre os abismos da incerteza. No entanto, em seu movimento contraditório, as forças do "amor ao dinheiro" podem inibir os espíritos animais e manter a economia em uma estagnação prolongada.

Keynes formula o conceito de propensão a consumir que subordina o consumo (e a poupança) à evolução da renda. Consumir (e poupar) é decisão afeta ao "público" a partir da renda formada pelo gasto empresarial. Aos empresários cabem as decisões cruciais de gasto, seja para colocar em operação o estoque de capital existente (decisão de curto prazo), seja para ampliar a capacidade produtiva mediante o investimento (decisão de longo prazo). Na formulação do princípio da demanda efetiva, tais decisões são tomadas simultaneamente diante do estado de expectativas. Com isso, Keynes estabelece uma hierarquia de decisões entre empresários possuidores dos meios de produção e com acesso ao crédito e o "público" que depende daquelas decisões para fruir a renda e o consumo.

Na *Teoria Geral*, sob a ótica da hierarquia das decisões que sustenta a hipótese da demanda efetiva, os dois departamentos (bens de consumo e bens de investimento) estão contemplados nos conceitos de "expectativas de curto prazo" e "expectativas de longo prazo". As decisões de demanda efetiva levam em conta simultaneamente as expectativas empresariais a respeito do consumo corrente e da produção corrente de bens de capital (investimento).

A construção do princípio da demanda efetiva supõe, portanto, um tratamento não convencional das relações entre oferta e demanda: o preço de oferta agregada é definido como a *expectativa* de receitas – deduzidos os custos dos fatores – que os empresários esperam receber,

---

[46] KEYNES, John Maynard. "The General Theory an After, Part II". *In*: MOGGRIDGE, D. (Org.). *The Collected Writings of John Maynard Keynes*. vol. XIV. Londres: Macmillan, 1979, p. 210.

caso ofereçam (nos dois departamentos) um determinado volume de emprego e um dado nível de ocupação da capacidade instalada. A demanda agregada é *imaginada* pelos empresários a partir das expectativas de rendimentos – deduzido o *custo de uso*[47] – que esperam receber dos gastos em consumo e investimento por parte da comunidade, isto é, dos consumidores e dos próprios empresários.

A demanda efetiva é um conceito fundado no "estado de expectativas" dos que decidem a produção nos dois departamentos. Não se confunde, portanto, com o que se convencionou chamar de demanda agregada, um conceito-resultado. A intersecção entre as funções de oferta e de demanda determina um ponto em que se *efetivam* as decisões dos empresários-capitalistas, a partir de certo estado de expectativas. Esse ponto se desloca ao longo da curva de "demanda efetiva" diante das mudanças das avaliações empresariais. Na realidade, Keynes está afirmando a interdependência entre oferta e demanda na economia capitalista submetida ao controle das decisões por uma categoria social.

---

[47] Custo de uso diz respeito ao sacrifício que faz o empresário ao utilizar o seu equipamento em vez de deixá-lo inativo. Essa avaliação está submetida também ao princípio da incerteza.

# Capítulo V
## INVESTIMENTO, POUPANÇA E AVALIAÇÃO DA RIQUEZA NA ECONOMIA MONETÁRIA DA PRODUÇÃO

As considerações exaradas no capítulo anterior a respeito do princípio da demanda efetiva impõem uma análise mais acurada sobre as relações entre poupança e investimento. A poupança é um "ato negativo"; quem decide "poupar" uma parte de sua renda corrente com o objetivo de aumentar o seu estoque de riqueza privada tem a pretensão de utilizá-lo como um *poder social* na captura de uma fração maior do valor abstrato em processo de criação. Na hipotética economia fechada, quanto maior a propensão a poupar das famílias, menor será a receita das empresas que produzem bens de consumo, com declínio do emprego e da renda do setor. Maior será o endividamento de empresas e trabalhadores, para não falar do desemprego. Isso significa que, do ponto de vista da produção como um todo, é logicamente impossível um aumento da poupança agregada determinado por uma ação autônoma das famílias.

As *poupanças* decorrentes de um novo fluxo de renda ampliam o estoque já existente de direitos sobre a renda e a riqueza, e constituem o *funding* novo do sistema bancário e do mercado de capitais. Esses últimos, em sua função de intermediários, promovem a validação do crédito e da liquidez (criação de moeda) "adiantados" originariamente para viabilizar os gastos dos empresários em investimento e na produção dos dois setores.

Na mencionada resposta a Bertil Ohlin, Keynes desenvolve uma longa e minuciosa argumentação para sublinhar as diferenças entre provimento de liquidez pelos bancos para o financiamento do investimento e a poupança decorrente do "novo fluxo de renda". Ainda que ironicamente admita a possibilidade de alguém projetar a poupança esperada a partir de sua renda futura, Keynes afasta essa possibilidade para o conjunto das decisões de investimento tomadas "agora". Os empresários investidores demandam liquidez – *cash* – que não pode ser obtida das poupanças futuras.

As decisões de gasto estão subordinadas às expectativas dos capitalistas, como controladores de riqueza monetária – do sistema bancário em derradeira instância –, de abrir mão da liquidez, criando crédito e incorporando novos títulos de dívida à sua carteira de ativos. No processo de "fechamento" do circuito gasto-utilização da renda, os lucros capturados pelas empresas e a fração da renda não gasta, apropriada pelas famílias, definem o montante da *poupança agregada*, encarnada em direitos de propriedade ou títulos de dívida, que possuem a prerrogativa de exercer essas formas jurídicas de "apropriação" e "expropriação" contra os fluxos de rendimentos futuros ou sobre o valor do estoque de capital existente ou em formação.

A poupança tem uma dupla natureza: como fluxo, é um ato negativo, abstenção do consumo; como adição ao estoque de direitos sobre a renda e a riqueza, é uma reivindicação positiva e abstrata à posse da riqueza social. Sua utilização – mediante a aquisição de ativos novos ou existentes, reais ou financeiros – vai necessariamente reconfigurar a situação patrimonial de empresas e famílias. Assim, o *fluxo* de poupança redefine, na margem, a posição do balanço de empresas, famílias e governos, ou seja, as mudanças patrimoniais decorrentes da acumulação do *estoque* de passivos e de ativos – direitos e obrigações que incidem sobre a renda e o patrimônio dos agentes privados e públicos.

CAPÍTULO V - INVESTIMENTO, POUPANÇA E AVALIAÇÃO DA RIQUEZA...

A poupança implica, portanto, um processo de redistribuição da riqueza. Como regra geral, a distribuição da riqueza é muito mais concentrada do que a distribuição da renda. Sendo assim, a maior "propensão a poupar" dos que estão nas camadas superiores da distribuição da renda contribui para deprimir a "propensão a gastar" do setor privado. A acumulação da riqueza nas mãos dos rentistas eleva a propensão a poupar da economia, deprime o gasto privado e aprofunda a desigualdade na distribuição de renda.

Já a decisão de investir é complexa porque requer a apreciação das várias dimensões da riqueza nova que se imagina criar. No caso da aquisição de um bem de capital, a nova riqueza é materialmente definida, ou seja, serve ("facilita", segundo a expressão utilizada por Keynes) à produção de determinado bem (ou bens). O desejo de criá-la não é, por isso, um desejo abstrato de "possuir mais riqueza", como no ato de poupar. Da posse de um novo bem de capital, o empresário espera um rendimento provável descontado à taxa monetária de juro determinada no mercado secundário de títulos.

Os economistas Wynne Godley e Marc Lavoie partem da macroeconomia keynesiana para construir um modelo no qual os "fluxos de fundos" têm contrapartidas nas mudanças de composição nos estoques: ativos, de um lado; dívidas e direitos de propriedade (ações), de outro. As famílias adquirem ao longo do tempo depósitos à vista, títulos do governo, ações e títulos de dívida emitidos pelos bancos ou diretamente nos mercados de capitais pelas empresas. São formas incontornáveis de acumular riqueza em uma economia monetária. As empresas emitem ações e se endividam junto aos bancos e demais intermediários financeiros para colher os fundos necessários para o financiamento de suas atividades – aquelas necessidades que excedem os lucros retidos. Os governos financiam os gastos emitindo títulos públicos, em estreita cooperação com os bancos centrais que regulam as condições de liquidez do mercado monetário mediante a recompra diária dos papéis elegíveis, quer do governo, quer do setor privado.

Os bancos comerciais e demais intermediários financeiros operam no espaço criado pela atuação dos bancos centrais e regulam a oferta de crédito para o setor empresarial não financeiro amparados na "criação" de depósitos à vista e no endividamento junto ao "público" e, no caso das instituições financeiras não bancárias, nos mercados monetários atacadistas.

A utilização dos haveres das famílias, incluídos os depósitos à vista, e o financiamento das empresas supõem a óbvia necessidade de um sistema bancário incumbido de gerir a riqueza social, expressa na prerrogativa de alavancar empréstimos para gerar depósitos e criar moeda e acomodar as mudanças na propriedade real da riqueza.

É impossível compreender a dinâmica da economia capitalista sem entender as relações de determinação que configuram e reconfiguram as inter-relações entre os balanços dos "agentes relevantes" – bancos, empresas, famílias, governos e setor externo. Simplificadamente, o movimento vai do abandono da liquidez – sobretudo mediante a criação de crédito novo para financiar os gastos de investimento e de consumo – para a geração da renda, com a consequente acumulação de ativos e passivos nos balanços dos agentes. Nesse processo, os bancos operam como "agentes livres", como advertiu Keynes no Tratado .

Godley e Lavoie, ao analisarem o fluxo de fundos e as mudanças na composição dos estoques entre o início e o término de cada período, introduzem o tempo histórico na dinâmica capitalista:

> Começamos cada período com uma configuração dos estoques que se altera por força dos novos fluxos gerados ao longo do período. O sistema não gera tendências ao equilíbrio, tampouco ao desequilíbrio, mas uma sequência de transformações nos balanços de bancos, empresas, governos, famílias e setor externo.[48]

---

[48] GODLEY, Wynne; LAVOIE, Marc. *Monetary Economics*: An Integrated Approach to Credit, Money, Income, Production and Wealth. Nova York, Palgrave Macmillan, 2007, p. 17.

Capítulo VI
DEMANDA EFETIVA E A PECULIARIDADE DO DINHEIRO NA ECONOMIA MONETÁRIA DA PRODUÇÃO

Como exposto em *A Treatise on Money*, o sistema bancário é a pedra angular da *gestão do gasto da riqueza capitalista* em dois sentidos fundamentais: 1) adianta recursos livres e líquidos, para sancionar a aposta do empresário que resolveu investir e colocar o seu estoque de capital em operação, contratando trabalhadores; 2) os mercados de crédito e de capitais, nos quais ocorre diariamente a avaliação e negociação dos direitos de propriedade e de apropriação da renda e da riqueza, estabelecem as condições que regem a taxa monetária de juro.

A riqueza capitalista pode ser contabilizada mediante a agregação de suas várias formas particulares: a) títulos que representam a posse da riqueza real e que dão direito ao recebimento de rendimentos futuros. Tais rendimentos podem ser incertos, conforme o resultado da operação dos ativos reprodutivos, como as ações, ou fixos (de cupom), por um determinado período de tempo, até o vencimento, como é o caso dos títulos de dívida pública e privada; b) estoque de matérias-primas e de produtos acabados que tem preço de venda esperado e elevado custo de armazenagem; c) bens duráveis de capital destinados a produzir outros bens que prometem um fluxo de rendimentos futuros pela venda das mercadorias que ajudam a produzir. À medida que se desenvolvem a produção e a acumulação de riqueza no capitalismo, esses ativos, à exceção dos bens instrumentais especializados, são avaliados e negociados em mercados organizados, sempre diante da possibilidade de se converterem em dinheiro, a forma geral da riqueza.

As decisões dos capitalistas são assim tomadas a partir de expectativas a respeito da evolução de dois conjuntos de preços: de um lado, os preços da produção corrente *vis-à-vis* os dos ativos de capital; de outro, as variações esperadas nos preços das dívidas contraídas para sustentar a posse daqueles ativos. O primeiro sistema de preços aparece na *Teoria geral* e é expresso pelo conceito de eficácia marginal do capital; o segundo relaciona o preço das dívidas e demais compromissos com a disposição dos detentores de riqueza líquida para "comprar" aqueles títulos que representam direitos contra a riqueza real.

São as expectativas a respeito da evolução provável desses dois conjuntos de preços que determinarão as decisões quanto à forma de posse da riqueza dos que controlam os meios de produção e o crédito e, portanto, o ponto de demanda efetiva. Ou seja, o valor monetário do produto e da renda que os detentores dos meios de produção e os controladores do crédito estarão dispostos a criar vai depender da relação entre os dois conjuntos de preços.

Assim, a oferta de empregos na economia resultará, por um lado, da expectativa dos empresários a respeito dos fluxos de rendimentos prováveis decorrentes da sua decisão de colocar em operação a capacidade produtiva existente tanto no setor de meios de consumo quanto no que produz bens de capital. De outra parte, essas decisões de gasto estão subordinadas às expectativas dos possuidores de riqueza líquida – do sistema bancário em derradeira instância – de criar liquidez incorporando novos títulos de dívida à sua carteira de ativos.

Jan A. Kregel, ao investigar a teoria dos dois preços formulada por Minsky, a partir do *Treatise* e da *Teoria geral*, afirma que:

> a súbita variação no valor monetário dos ativos e das dívidas que ocorrem independentemente de qualquer alteração de seu potencial

produtivo pode agora ser explicada mediante uma mudança na preferência pela liquidez, levando a uma queda no preço das dívidas, na medida em que os agentes abandonam a posse de títulos financeiros em busca de ativos mais líquidos. Esse movimento transmite-se para as obrigações das empresas, que são ativos para os bancos, forçando-os a reduzir a sua disposição de acomodar [a mudança na preferência pela liquidez do público], na tentativa de restaurar a liquidez de sua carteira de ativos.[49]

Já observamos que a economia monetária da produção deve ser concebida como uma estrutura de balanços inter-relacionados. Em permanente transformação, os balanços dos bancos, das empresas, das famílias, do governo e do setor externo incorporam ativos cuja posse foi obtida mediante a emissão de ações ou contratos de dívida de diversa natureza em termos de prazos, condições e riscos. Os contratos de dívida merecem atenção especial porque, embora amparem a posse de ativos de rendimento incerto, obrigam seus detentores a pagamentos certos e regulares. Isso corresponde à natureza contratual das dívidas e do pagamento de juros e dívida. O preço de reprodução deste ativo de capital (o preço de oferta) é outro determinante da decisão de investir.

Nesse sentido, a estabilidade das condições contratuais significa rigidez dos compromissos correntes, ou duplicação do risco empresarial ao decidir a aquisição de um ativo instrumental. A elevação da taxa de juro ou a mudança nas condições do crédito afetam o preço dos ativos e impõem a desvalorização das dívidas já existentes. No entanto, o fluxo de pagamentos de juros comprometidos com as "dívidas velhas" não se altera.

Nesse mundo de contratos de dívida com taxas de juro pré-fixadas (contratos não indexados), a elevação da taxa de juros afeta fundamentalmente o preço do *estoque* de ativos, agora constrangidos a descontar,

---

[49] KREGEL, J. A. "Minsky's 'Two Price' Theory of Financial Instability and Monetary Policy: Discounting vs. Open Market Intervention". *In*: FAZZARI, S.; PAPADMITRIOU D. (Orgs.). *Financial Conditions and Macroeconomic Performance*: Essays in Honor of Hyman P. Minsky. Nova York: Armonk, 1992, p. 95.

a uma taxa de juro mais elevada, os rendimentos esperados ao longo de sua vida útil (ou de sua maturidade). Nas condições acima descritas, aumenta o risco para credores e devedores. A incerteza acerca da "validade dos valores" da riqueza real e financeira lança o conjunto da economia na busca da liquidez, alterando a composição dos portfólios.

Na etapa de expansão do ciclo, o aumento do investimento, do consumo e do endividamento enseja a hierarquização dos títulos de dívida e dos direitos de propriedade conforme os preços, à vista e futuros, estabelecidos diariamente nos mercados secundários. Isso significa que os empresários e os consumidores estão gerando déficits financiados pelo sistema de crédito que avança liquidez no presente para que as dívidas (novas e já existentes), assim como os direitos de propriedade, possam ser "precificadas" conforme o estado de convenções prevalecente.

A taxa monetária de juro é uma das variáveis independentes do "modelo" construído na *Teoria geral*, juntamente com a propensão marginal a consumir e a eficácia marginal do capital. Formada nos mercados "organizados" que transacionam ativos líquidos, a taxa de juro monetária juntamente com a eficácia marginal do capital e a propensão a consumir regulam o investimento e o consumo. Essa é a passagem crucial do *Treatise* para a *Teoria geral*.

A questão central é a de saber como isso ocorre em uma economia que se move e se transforma continuamente e, além disso, em que a "iliquidez" e a incorporação da riqueza sob a forma de equipamentos especializados representam uma aposta na realização, durante a sua vida útil, de um fluxo de receita capaz de amortizar os custos e deixar um rendimento líquido que, descontado à taxa de juros do capital monetário (ou seja, do capital-propriedade), revele-se compensador.

É essencial compreender que a conservação e a reprodução das relações de propriedade e de subordinação da força de trabalho são indissociáveis do caráter monetário da riqueza capitalista, da sua existência sob a forma geral e abstrata. As condições da oferta de crédito estão subordinadas às avaliações diárias efetuadas nos mercados de direitos de propriedade e de títulos de dívida. São esses mercados que determinam as condições de financiamento do gasto, de "criação" da renda, apropriação dos

CAPÍTULO VI - DEMANDA EFETIVA E A PECULIARIDADE DO DINHEIRO...

lucros e formação da poupança das famílias. Independentemente das transformações "institucionais" que a economia monetária da produção possa sofrer em suas configurações históricas, não há como escapar da função "reguladora" dos mercados que avaliam os direitos de apropriação da renda e da riqueza, estabelecendo *as condições* em que se organiza e se efetua o processo de valorização na esfera produtiva.

Os mercados de avaliação da riqueza estão condenados a se submeter às peculiaridades do dinheiro como medida de valor e forma geral da riqueza. No artigo "A teoria geral do emprego", Keynes discute as concepções de dinheiro dos economistas clássicos. Para ele, os clássicos deixaram de sublinhar as duas funções cruciais do dinheiro em uma economia monetária: como numerário, o dinheiro denomina o valor monetário de bens, serviços e contratos; como "reserva de valor" (*store of wealth*) o dinheiro é a forma final de acumulação de riqueza no capitalismo: "Nosso desejo de manter o dinheiro como reserva de valor constitui um barômetro do grau de nossa desconfiança e de nossos cálculos e convenções quanto ao futuro".[50]

É muito importante a observação de Keynes a respeito das propriedades do dinheiro no capítulo XVII da *Teoria Geral*. O dinheiro tem elasticidade de produção e de substituição nulas ou irrelevantes. Isso significa que as empresas privadas não podem produzir dinheiro contratando mais trabalhadores e que nenhum outro ativo pode substituí-lo como forma geral da riqueza. Se for impossível produzir dinheiro, também não se poderá evitá-lo. Assim, Keynes pretende sublinhar que o ativo líquido, o dinheiro, não pode ser produzido privadamente, ainda que, em condições de crescimento estável da economia, os produtores privados tenham a ilusão de que estão "produzindo dinheiro" com a produção e venda de suas mercadorias e ativos. Essa ilusão se desfaz quando o mercado se nega a confirmar as pretensões das mercadorias e ativos privados de se apresentarem como "dinheiros particulares".

No capítulo I de *A Treatise on Money*, Keynes define a natureza de uma economia monetária em oposição a uma economia de troca. Na

---

[50] KEYNES, John Maynard. "The General Theory an After, Part II". *In*: MOGGRIDGE, D. (Org.). *The Collected Writings of John Maynard Keynes*. vol. XIV. Londres: Macmillan, 1973, p. 116.

economia monetária, o dinheiro assume a condição de poder social que regula as transações entre os detentores privados da riqueza. O Estado se incumbe não só de "impor o dicionário, mas também se encarrega de escrevê-lo". Isso significa que todas as mercadorias, ativos e títulos de dívida não podem circular sem antes ganharem a denominação imposta pelo dinheiro estatal em sua função primordial de moeda de conta. A despeito de seu caráter mercantil, o dinheiro não é uma mercadoria, mas uma instituição social.

Em seguida, Keynes revela as origens freudianas do "amor ao dinheiro":

> Embora esse sentimento em relação ao dinheiro também seja convencional e instintivo, ele atua, por assim dizer, no nível mais profundo de nossa motivação. Ele se enraíza nos momentos em que se enfraquecem as mais elevadas e as mais precárias convenções. A posse do dinheiro real tranquiliza a nossa inquietação; e o prêmio que exigimos para nos separar dele é a medida do grau de nosso desassossego.[51]

O prêmio que exigimos para nos separar do dinheiro é a taxa de juros, "medida de nossa inquietação". As decisões capitalistas supõem, portanto, a *arbitragem* permanente entre o presente e o futuro. No mencionado capítulo XVII da *Teoria geral*, Keynes apresenta e desenvolve o conceito de *taxa própria* de juro dos ativos. A taxa própria de juro de um ativo de capital reprodutivo é o fluxo líquido de rendimentos, medidos em termos de si mesmos, que a sua utilização pode proporcionar ao longo da vida útil ou de seu prazo de vencimento.

A comparação entre o valor dos bens instrumentais e as demais formas de riqueza, por exemplo, só pode ser feita mediante o desconto dos rendimentos prováveis dos ativos à taxa monetária de juro, em um determinado ponto do tempo. A taxa monetária de juros mede, portanto,

---

[51] KEYNES, John Maynard. O fim do "laissez-faire". *In*: SZMRECSÁNYI, Tamás (Org.). *Keynes* (Economia). São Paulo: Ática, 1983, p.173.

CAPÍTULO VI - DEMANDA EFETIVA E A PECULIARIDADE DO DINHEIRO...

a capacidade de conversão dos rendimentos proporcionados pelos demais ativos, sejam eles reprodutivos ou financeiros, no dinheiro – a forma geral da riqueza. Por essa razão, o preço de demanda desse ativo de capital é o valor *presente* de seus rendimentos futuros. Convém insistir que a taxa de juros é um fenômeno monetário: suas flutuações exprimem, a cada momento, maior ou menor preferência do "público" pela posse, agora, da forma geral da riqueza, o dinheiro.

A fixação do "preço do dinheiro", forma geral da riqueza, pelo banco central (taxa de juros básica) tem o propósito de influenciar o movimento das taxas longas e, portanto, afetar as mudanças na margem da composição dos portfólios (estoques de riqueza financeira e reprodutiva) dos possuidores de riqueza, mudanças intermediadas pelo sistema bancário. A taxa de juro longa exprime, em cada momento, o estado das expectativas que informa as decisões dos detentores de riqueza, temerosos entre as incertezas de criação de riqueza nova (a posse de um novo ativo reprodutivo) e a defesa da riqueza já criada mediante o deslocamento da carteira para os ativos mais líquidos. Nos momentos de "crise de liquidez", os portfólios se precipitam em massa para o ativo que encarna no imaginário social e na prática dos agentes privados a forma geral da riqueza. No entanto, se todos correm para a liquidez, poucos conseguem. Na dança das cadeiras, muitos ficam sem assento. Só o provimento de liquidez pelo Banco Central salva. Salva, mas acentua a "preferência pela liquidez" dos bancos, empresas e famílias, impulsionando as divergências entre a expansão da riqueza financeira e o gasto produtivo na formação da renda.

Um estudo do Board of Governors do Fed, publicado em novembro de 2015, ilumina esse ponto:

> ... em reação à turbulência financeira e ao rompimento do crédito associado à crise financeira global, corporações procuraram ativamente aumentar recursos líquidos a fim de acumular ativos financeiros e reforçar seus balanços. Se esse tipo de cautela das empresas tem sido relevante, isso pode ter conduzido a investimentos mais frágeis do que o normalmente esperado e ajuda a explicar a fraqueza da recuperação da economia global...

descobrimos que a contraparte do declínio nos recursos voltados para investimentos são as elevações nos pagamentos para investidores sob a forma de dividendos e recompras das próprias ações... e, em menor extensão, a acumulação líquida elevada de ativos financeiros.

O "amor ao dinheiro" rasteja sorrateiro na alma dos possuidores de riqueza e não raro vem à superfície encarnada na serpente do desemprego:

> [...] o desemprego prospera porque os homens querem a lua; os homens não podem conseguir emprego quando o objeto dos seus desejos (ou seja, o dinheiro) é algo que não se produz e cuja demanda não pode ser facilmente contida. O único remédio consiste em persuadir o público de que lua e queijo são praticamente a mesma coisa, e a fazer funcionar uma fábrica de queijo (que é o mesmo que dizer um banco central) sob a direção do poder público.[52]

---

[52] KEYNES, John Maynard. *Teoria geral do emprego, do juro e do dinheiro*. Rio de Janeiro: Fundo de Cultura, 1970, p. 227.

Capítulo vii
INCERTEZA RADICAL, CONVENÇÕES E PRÊMIO DE LIQUIDEZ

As convenções desempenham, na economia monetária da produção, um papel especialmente importante na formação de preços dos ativos, reais e financeiros – que descontam seus rendimentos esperados à taxa monetária de juros submetida às oscilações da preferência pela liquidez. Na perspectiva keynesiana, essas decisões intertemporais não têm bases firmes, isto é, não há "fundamentos" que possam livrá-las da incerteza radical em que os proprietários de riqueza estão mergulhados.

Para Keynes, a incerteza radical não corresponde a uma etapa nem é um atributo determinado por certa fase da economia, mas, sim, o estado permanente sobre o qual repousam as decisões de longo prazo que regem o investimento em uma economia capitalista:

> O fato mais destacado na matéria é a extrema precariedade dos dados em que terão de basear-se os nossos cálculos de rendimentos prováveis. O nosso conhecimento dos fatores que governarão o rendimento de um investimento alguns anos mais tarde é, em geral, muito limitado e, com frequência, desdenhável. Para falar com franqueza, temos de admitir que as bases de nosso conhecimento para calcular o rendimento provável, nos próximos dez

anos ou mesmo cinco anos, de uma estrada de ferro, uma mina de cobre, uma fábrica de tecidos, um produto farmacêutico patenteado, uma linha transatlântica de navios ou um imóvel na City de Londres se reduzem a bem pouco e às vezes a nada.[53]

Diante da incerteza radical, os detentores de riqueza são compelidos a tomar decisões apoiados em convenções a respeito das perspectivas da economia. Keynes sugere que as decisões individuais dos agentes só podem se apoiar no que eles imaginam que sejam as opiniões dos demais. No capítulo XII da *Teoria geral*, os concursos de beleza promovidos pelos jornais servem de exemplo para descrever a formação de convenções nos mercados de ativos. Os leitores são instados a escolher os seis rostos mais bonitos entre uma centena de fotografias. O prêmio será entregue àquela cuja escolha esteja mais próxima da média das opiniões. Não se trata, portanto, de apontar o rosto mais bonito na opinião de cada um dos participantes, mas, sim, de escolher o rosto que mais se aproxima da opinião dos demais.

Keynes, desse modo, introduz na teoria econômica as relações complexas entre Estrutura e Ação, entre papéis sociais e sua execução pelos indivíduos convencidos de sua liberdade e autodeterminação, mas, de fato, enredados nas engrenagens da acumulação monetária. Ao tomar emprestada de Marx a lei fundamental do movimento da economia capitalista, Keynes, na esteira de Freud, introduz as configurações subjetivas produzidas pelas interações entre grupos sociais e seus indivíduos. Estão aí implícitos os processos de individuação mediados pelo objetivo da produção capitalista – a acumulação de riqueza monetária. Nesse percurso, as decisões capitalistas podem dar origem a situações nas quais a busca da riqueza abstrata revela-se um obstáculo para a economia alcançar o pleno emprego. A âncora que sustenta precariamente as ariscas subjetividades atormentadas pela incerteza está lançada, sim, nas estruturas sociais do capitalismo.

No livro *Capitalisme et pulsion de mort*, Gilles Dostaler e Bernard Maris afirmam que nem Freud, nem Keynes acreditam na fábula da autonomia do indivíduo, tão cara aos economistas: "O indivíduo está

---

[53] KEYNES, John Maynard. *Teoria geral do emprego, do juro e do dinheiro*. Rio de Janeiro: Fundo de Cultura, 1970, p. 147.

CAPÍTULO VII - INCERTEZA RADICAL, CONVENÇÕES E PRÊMIO...

imerso na multidão inquieta, frustrada, insaciável, sobre a qual pesa essa imensa pressão cultural, esse movimento ilimitado da acumulação [...]".[54]

Keynes cuida da psicologia de massas que infesta os mercados "organizados", frequentemente açoitados por violentas oscilações entre euforia e desilusão. Se, por um lado, esses mercados são fundamentais para permitir que os agentes tomem as decisões a respeito da aquisição de bens instrumentais e de títulos de longo prazo, por outro lado, essas decisões ficam submetidas à lógica dos mercados de avaliação da riqueza.

Os mercados financeiros são construídos para reduzir a incerteza, mas aumentam a instabilidade da economia, especialmente das decisões cruciais, como as de investir, conforme Keynes advertia na *Teoria geral*.

> Esse é o resultado inevitável dos mercados que se organizam para alcançar a "liquidez". Entre as máximas da finança ortodoxa, nenhuma seguramente é mais antissocial do que o fetiche da liquidez. Trata-se da doutrina segundo a qual é uma virtude positiva das instituições de investimento concentrar seus recursos em valores líquidos [...]. [Essa doutrina] esquece que os investimentos não podem ser líquidos para a comunidade como um todo.[55]

Em uma economia dotada de mercados financeiros organizados, ou seja, na qual sejam generalizadas as relações débito/crédito, a liquidez de um grupo de agentes depende da disposição de outros para se tornarem ilíquidos. Nessa economia, o sistema bancário "criador" de moeda – incluído o Banco Central – deve desempenhar a função de *market maker*, ou seja, de provedor de liquidez para os mercados de negociação de dívidas e direitos de propriedade. Esses mercados são particularmente suscetíveis às súbitas alterações na predominância das opiniões entre altistas e baixistas. Caberia ao sistema bancário reequilibrar as posições,

---

[54] DOSTALER, Gilles; MARIS, Bernard. *Capitalisme et pulsion de mort*. Paris: Albin Michel, 2009, p. 45.
[55] KEYNES, John Maynard. *Teoria geral do emprego, do juro e do dinheiro*. Rio de Janeiro: Fundo de Cultura, 1970, p. 157.

mediante o manejo da taxa de juros, que regula o acesso dos bancos privados ao provimento "final" de liquidez, regulado pelo Banco Central.

Assim, para Keynes, em uma economia monetária e financeira, os mercados de transações de ativos – as negociações de capital fictício – são o *locus* de formação de convenções. Aqui a narrativa de Keynes reafirma o papel dominante da liquidez, ou seja, da obrigatória conversão dos valores "reais" ou "financeiros" em dinheiro, como forma geral da riqueza. Como categoria social os possuidores de riqueza podem, sim, valendo-se da interposição do sistema bancário, abrir mão da liquidez e mobilizar seus estoques de ativos mobiliários no financiamento do novo investimento. Isso vai, no entanto, depender do estado de expectativas a respeito das relações esperadas entre a taxa de juro monetária (o estado de preferência pela liquidez) e a eficácia marginal do capital (os rendimentos prováveis decorrentes da posse de um novo ativo instrumental).

Os detentores de riqueza sob a forma monetária são obrigados a apostar que nenhum fenômeno perturbador vai ocorrer, entre o momento em que tomam a decisão de empregar seu dinheiro na contratação de fatores de produção e a recuperação, no futuro, desse valor monetário acrescido do lucro. Tais decisões são tomadas por critérios de ganho privado na suposição ilusória – assentada em frágeis convenções – de que o futuro vai continuar reproduzindo o passado.

Tal como Marx, que falava do fetichismo das mercadorias e do dinheiro como decorrentes das relações sociais no capitalismo, Maynard Keynes, como já foi dito, refugava o individualismo grosseiro embutido na suposição do *homo oeconomicus*. Ao introduzir as convenções como fundamentos das decisões dos detentores de riqueza em condições de incerteza radical, Keynes trouxe para o âmago da economia a precariedade da condição humana, agora investida em sua existência capitalista: ela necessita de âncoras sociais para sua reprodução.

Desde sua "conversão" freudiana, Keynes adotou configurações sociopsicológicas ajustadas à estrutura da "economia como um todo". No centro de sua construção estão a incerteza radical e a necessidade incontornável de antecipar o futuro, angústia que aflige, como possuidores de riqueza, os empresários. Em *My Early Beliefs*, Keynes faz uma referência sugestiva a Freud. "Não era apenas intelectualmente que erámos pré-freudianos, mas nós tínhamos perdido alguma coisa que nossos antecessores tinham sem conseguir substituí-la".[56]

São raros os economistas que enveredam no desvendamento do significado das "leis psicológicas" e da natureza das expectativas que sustentam a propensão a consumir, o incentivo a investir ou a preferência pela liquidez. A especificidade da ação dos possuidores de riqueza, em uma economia monetária em que as decisões são "descentralizadas", é definida pelo caráter crucial das antecipações do grupo social que detém o *controle* da riqueza e que deve decidir o seu uso a partir de critérios privados.

Por um lado, os planos individuais de utilização da riqueza só podem ser reconciliados *ex post* e não *ex ante* como nos modelos de Equilíbrio Geral com informação perfeita ou expectativas racionais e agente representativo; por outro lado, os resultados não intencionais do turbilhão de ações egoístas modificam irremediavelmente as circunstâncias em que as decisões foram concebidas. Há, portanto, uma dupla incerteza.

As convenções são as leis naturais da natureza do capitalismo e sua "natureza" impõe a continuada violação dessas leis. O comportamento rotineiro garante o "equilíbrio" da economia monetária da produção, mas sua dinâmica exige o rompimento das condições existentes, tal como Schumpeter advogava na *Teoria do Desenvolvimento Capitalista*[57]: o empresário inovador e o crédito rompem o fluxo circular e desatam o ciclo de expansão da economia.

Keynes estava sugerindo que, ao contrário do que procura demonstrar a bela arquitetura dos modelos de equilíbrio geral, a reprodução

---

[56] KEYNES, John Maynard. "Essays in Persuasion". *In*: MOGGRIDGE, D. (Org.). *The Collected Writings of John Maynard Keynes*. vol. IX. Londres: Macmillan, 1972, p. 448.

[57] SCHUMPETER, Joseph A. *Teoria do desenvolvimento econômico*: Uma investigação sobre lucros, capital, crédito, juro e o ciclo econômico. Coleção Os Economistas. São Paulo: Abril Cultural, 1982.

da economia monetária não estava garantida. Estava, sim, amparada em convenções precárias, que poderiam ser desfeitas por impulsos, medos e súbitas mudanças no estado de expectativas da *classe social* que tem o monopólio dos meios de produção e o controle do crédito e que pode usar o seu poder social para promover o próprio enriquecimento, em benefício do conjunto da sociedade (D-M-D') ou simplesmente entregar-se ao "amor do dinheiro" e à proteção patrimonial (D-D'), produzindo pobreza coletiva "em meio à abundância".

A *demanda* capitalista está sempre inclinada a se concentrar no dinheiro, ou em ativos líquidos que possuem elasticidades muito baixas (nulas) de produção e de substituição. Ela *não é efetiva* no sentido de que não suscita o emprego de novos trabalhadores para satisfazê-la.

No capítulo XII da *Teoria geral*, Keynes dedica-se a demonstrar as condições nas quais se formam as convenções nos mercados financeiros.

Hyman Minsky capturou criativamente as ideias de Keynes a respeito do papel central da liquidez nas relações entre crédito e formação de preços dos ativos. A caminhada dos agentes – bancos, empresas e famílias – das posições *hedge*, especulativa e, finalmente, Ponzi em seus balanços[58] – corresponde a um estado de convenções que parece assegurar a possibilidade de liquidez para o conjunto dos protagonistas. Para isso colaboram as inovações financeiras, que, como observou Minsky, ampliam a capacidade dos agentes de assumir compromissos, pretensamente sem correspondente elevação do risco.

Na fase ascendente do ciclo, a recorrência de situações em que os ativos são negociados aos preços antecipados *agora* nos mercados reforça o estado de convenções. Reforça, portanto, a convicção dos detentores de riqueza de que não só a liquidez como também os rendimentos esperados podem ser alcançados a qualquer momento. Os bons resultados do presente aplacam o medo do futuro. Embalados pelo otimismo quanto aos resultados dos novos empreendimentos, os *espíritos animais*

---

[58] MINSKY, Hyman. *Stabilizing an Unstable Economy*. New Haven: Yale University Press, 1986.

CAPÍTULO VII - INCERTEZA RADICAL, CONVENÇÕES E PRÊMIO...

atropelam qualquer consideração de prudência no afã de produzir nova riqueza e novas fontes de trabalho. O sucesso não acalma, mas excita o desejo, acelerando a febre de investimentos excessivos e mal dirigidos, bolhas especulativas nos mercados de ativos, tudo isso apoiado no endividamento imprudente (mas pretensamente "sem risco") e na inovação financeira. Os balanços se aproximam das posições Ponzi, a economia aderna para a "ruptura de expectativas". Para os agentes, a regra passa a ser a volta à posição *hedge*, e os mercados "securitizados" passam a ser guiados pela busca descontrolada de liquidez e, consequentemente, pela queda abrupta dos preços dos ativos. No afã de descansar seus incômodos na forma geral da riqueza, as decisões racionais dos possuidores de riqueza culminam na irracionalidade para o conjunto da economia.

Capítulo VIII
A NOVA MACROECONOMIA DO EQUILÍBRIO GERAL E A OCULTAÇÃO DA INSTABILIDADE DO CAPITALISMO

No livro *Epistemics and Economics,* George Shackle cuida das questões do equilíbrio e da racionalidade, tão caras aos economistas. "O tempo e a lógica", comenta Shackle, "são estranhos um ao outro. O primeiro implica a ignorância, o segundo demanda um sistema de axiomas, um sistema envolvendo tudo o que é relevante. Mas, infelizmente, *o vazio do futuro* compromete a possibilidade da lógica".[59]

George Shackle está simplesmente afirmando que a economia é um saber que está obrigado a formular suas hipóteses levando em consideração o tempo histórico, dimensão em que se desenrola a ação humana. Ela deve se entregar ao estudo do comportamento dos agentes privados em busca da riqueza, no marco de instituições sociais e políticas produzidas ou construídas pela ação coletiva dos homens ao longo da história, cujos resultados escapam a intencionalidades e propósitos individuais, sejam eles "racionais" ou "irracionais".

---

[59] SHACKLE, G. L. S. *Epistemics and Economics*: A Critique of Economic Doctrines. Cambridge: Cambridge University Press, 1972, p. 269.

Shackle confere às decisões empresariais de investimento um caráter crucial, na medida em que "criam o futuro". Essa criação do futuro é, para ele, um ato que decorre do poder originário e irredutível dos que controlam a criação de riqueza no capitalismo. É um ato praticado em condições de incerteza radical e que muda, a cada momento, a configuração da economia.

O incômodo causado pela herança keynesiana aos que postulam o paradigma da "racionalidade" foi e tem sido considerável. A inexistência de bases "racionais" para a tomada das decisões econômicas cruciais aproxima perigosamente a economia e suas pretensões científicas do "inferno irracional" que os economistas imaginam cercar as decisões políticas.

A corrente dominante considera não científica qualquer teoria construída a partir da hipótese que afirma o caráter crucial das decisões capitalistas. Se há decisões que podem "criar o futuro", o processo econômico está mergulhado no fluxo do tempo histórico, que, dizem, só passa uma vez pelo mesmo lugar. A economia, transformada em "saber histórico", converteria os economistas em cidadãos de segunda classe na hierarquia da comunidade científica.

Os economistas neoclássicos pretendem sustentar a tese de que Keynes admitia a predominância de motivos *irracionais* nas decisões dos agentes na economia capitalista. Muito ao contrário, ele construiu uma teoria das decisões quanto à posse da riqueza em condições de incerteza radical. Essas decisões não são racionais nem irracionais. Ele apenas que não é possível a avaliação inequívoca dos resultados mais vantajosos mediante o *cálculo* de probabilidades.

Em seu livro *The Nature of Macroeconomics*, Athol Fitzgibbons, comentando uma afirmação de Gregory Mankiw, mostra que:

> normalmente as pessoas agem movidas pelo autointeresse inteligente, mas apoiadas em um conhecimento não quantificável; as teorias do comportamento "racional" pressupõem que os agentes são movidos pelo autointeresse e pelo conhecimento quantificável. Eles fazem escolhas inteligentes entre vários futuros possíveis,

CAPÍTULO VIII - A NOVA MACROECONOMIA DO EQUILÍBRIO GERAL...

o que permite à teoria das expectativas racionais concluir que eles podem convergir para apenas *um* futuro possível.[60]

Os resultados futuros dos "julgamentos privados" dos possuidores de riqueza frequentemente não correspondem às avaliações do presente. Há "equilíbrio" quando o presente repete o passado ou enquanto os possuidores de riqueza acreditam que o futuro repetirá o presente. Quando essa condição se rompe, a economia muda de "estado".

Keynes não tratou apenas de crises de funcionamento, de desajustes passageiros, autorregeneráveis, mas da possibilidade de um colapso nos processos de coordenação que ensejam a compatibilização das decisões "coletivas" tomadas a partir de critérios privados. A "coletividade" formada pelos capitalistas é responsável, nessas sociedades, pelas decisões cruciais. Não é suficiente que sejam sábios prudentes e virtuosos em suas vidas privadas entregando-se aos sacrifícios da abstinência. A virtude da abstinência vai empurrar os controladores da riqueza a decisões socialmente insensatas, perversas, revelando que eles não podem controlar os impulsos e medos que acompanham suas subjetividades condenadas a acumular riqueza abstrata. Quando os medos superam os impulsos, o espírito animal desfalece nos braços do "amor ao dinheiro", na dominância da preferência pela liquidez e na repulsa aos novos ativos reprodutivos de capital, cujos rendimentos futuros se apresentam como repugnantes.

Como diz Keynes:

> Não existe qualquer razão para supor que as flutuações em um desses fatores tenderão a anular a flutuações em outro. Quando se adota uma perspectiva mais pessimista a respeito dos futuros rendimentos, não existe razão para que haja uma reduzida propensão a entesourar. Na verdade, as condições que agravam um dos fatores tendem, como regra geral, a agravar o outro. Isso porque as mesmas circunstâncias que levam a perspectivas pessimistas sobre rendimentos futuros conseguem aumentar a propensão a entesourar.[61]

---

[60] FITZGIBBONS, Athol. *The Nature of Macroeconomics*. Northampton: Edward Elgar Publishing, 2000, p. 142.
[61] KEYNES, John Maynard. "My Early Beliefs". *In*: MOGGRIDGE, D. (Org.). *The Collected Writings of John Maynard Keynes*. vol. X. Londres: Macmillan, 1972.

O economista Antonio Garrido de la Morena estuda a diferença entre a macroeconomia neoclássica e modelos keynesianos de fluxos e estoques. Para ele, tanto o modelo IS-LM quanto o AS-AD (*Agregate Supply/Agregate Demand*) só tomam em conta um ativo – o dinheiro – e uma taxa de rentabilidade expressa na taxa de juro. Ademais, a dimensão temporal desses modelos é bastante peculiar: admitem oscilações nas *variáveis de fluxo* sem que se alterem as *variáveis de estoque*. Por exemplo, analisam os efeitos de uma variação na taxa de investimento sobre o PIB, especificando inclusive o efeito multiplicador, sem que se modifique o estoque de capital. O tempo parece congelado, e a dicotomia entre o real e o monetário é evidente.[62]

Nas últimas décadas, a teoria das expectativas racionais cuidou de avançar na investigação dos "fundamentos microeconômicos da macroeconomia". Essa hipótese advoga a ideia de que os agentes conhecem a estrutura da economia e sua trajetória provável. Os agentes racionais que povoam os mercados, usando a informação disponível, sabem exatamente qual é a estrutura da economia e são capazes de calcular sua evolução provável. A versão dita "Monetarismo Marco II", amparada na hipótese das expectativas racionais, propõe-se a demonstrar o teorema da "inefetividade da política monetária". Os agentes racionais não se deixam enganar pelo velho truque de estimular o nível de atividades com os euforizantes nominais do déficit fiscal e da política monetária leniente. Caso insistam nessa prática, políticos e burocratas voluntaristas conseguirão, em vez de mais empregos, apenas mais inflação, a menos que possam surpreender e tapear os agentes racionais.

Trata-se, na verdade, de restabelecer as premissas teóricas que conduzem a investigação na busca das condições que permitam afirmar a capacidade de autorregeneração do equilíbrio depois de suaves flutuações. A Teoria do Equilíbrio Geral – em suas formulações deterministas ou estocásticas – não consegue escapar da pretensão apologética de apresentar a economia capitalista como um sistema autorregulado. O

---

[62] DE LA MORENA, Antonio. "El enfoque macroeconómico consistente de Wynne Godley: una exposición". *Revista de Economía Crítica*, n. 15, 1º sem./2013.

CAPÍTULO VIII - A NOVA MACROECONOMIA DO EQUILÍBRIO GERAL...

sistema deveria funcionar de uma maneira que não funciona, e as pessoas deveriam acreditar nisso. Precisam de ilusões.

Robert Lucas, na contramão da revolução keynesiana, juntou o suposto das expectativas racionais ao modelo de equilíbrio geral para reintroduzir o Demônio de Laplace no universo da moderna teoria econômica. A suposição fundamental das teorias novo-clássicas, com expectativas racionais, assegura que a estrutura do sistema econômico no futuro já está determinada agora. Isso porque a função de probabilidades que governou a economia no passado tem a mesma distribuição que a governa no presente e a governará no futuro.

Com esse movimento, Lucas expulsou do paraíso da respeitabilidade acadêmica a incerteza, ambiente em que são tomadas as decisões na economia capitalista. A propósito de capitalismo, o economista John Cassidy ironiza a concepção lucasiana da sociedade e da economia: "Ele criou um capitalismo sem capitalistas em que as empresas são meras abstrações que transformam insumos em produtos. [Nele] Lucas assumiu que os mercados de bens, de trabalho, todo e qualquer mercado, eram igualmente eficientes".[63]

Os modelos mais recentes, como o modelo Dinâmico estocástico de equilíbrio geral (*Dynamic stochastic general equilibrium* – DSGE), são universalmente utilizados pelos bancos centrais, organismos internacionais e pelos *think tanks* mais famosos – gente que não foi capaz de emitir sequer um grunhido a respeito da crise que se avizinhava. Esses modelos, sobretudo os que se pretendem dinâmicos, não excluem flutuações da economia, mas atribuem o fenômeno aos chamados "ciclos reais" produzidos por mudanças nas preferências dos consumidores ou no estado da técnica. Os modelos dinâmicos estocásticos de equilíbrio geral não contemplam a existência de dinheiro, bancos ou mercados financeiros. Depois da crise de 2008/2009, as tentativas de introduzir *ad hoc* as variáveis monetárias e financeiras terminaram na inconsistência dinâmica, ou seja, em vexames lógicos e metodológicos.

A função de reserva de valor do dinheiro é sobremaneira incômoda e intratável nos modelos de equilíbrio. A eliminação desse incômodo

---

[63] CASSIDY, John. "After the Blowup". *The New Yorker*, 11.01.2010.

personagem permite às hipóteses "predominantes" ignorar os movimentos extremos de preços dos ativos impulsionados pela excessiva elasticidade do sistema de crédito. Nos modelos estocásticos gaussianos, esses episódios estariam na cauda da distribuição de probabilidades. Os chamados "eventos de cauda" – como a valorização (e o colapso) dos preços dos ativos lastreados em hipotecas (*asset-backed securities*) – não podem ser considerados versões ampliadas das pequenas flutuações. Isso porque os episódios de euforia contagiosa deformam a própria distribuição de probabilidades.

Quando a euforia alavancada se transmuta no medo e na incerteza, os agentes racionais se transformam em um tropel de búfalos enfurecidos na busca da "liquidez". Assassinada pelos modelos, a realidade do dinheiro faz aparições no mundo abstrato da racionalidade e do equilíbrio, como o fantasma de Banquo assombrava Macbeth.

Na realidade, essa concepção da economia capitalista é estática. A economia se move em trajetória estocástica, mas permanece sempre igual a ela mesma. Não há dinâmica no sentido de um movimento no tempo histórico.

Nesse ritual de feitiçaria econômica, a poupança volta à condição privilegiada de variável *ex ante* na determinação do investimento, ressuscitando a teoria dos fundos prestáveis. Isto é, os agentes racionais sacam os fundos prestáveis de uma renda que ainda não existe e financiam a renda que está para existir. A decisão *ex ante* de poupar é regulada pela "taxa natural de juro", aquela que reflete as decisões dos consumidores racionais e otimizadores. Eles escolhem entre o consumo presente e o consumo futuro. O indivíduo racional é reinstaurado em seus direitos de definir a trajetória da economia.

O conceito "economia monetária da produção" se afasta das hipóteses amparadas no indivíduo racional maximizador, tampouco admite a absurda abstração do "agente representativo". A economia capitalista de Keynes é concebida como uma estrutura de relações sociais. Articulados pelos nexos monetários e necessários impostos pela estrutura social às suas subjetividades, os indivíduos cumprem *funções* no processo de criação e reprodução da renda e da riqueza, segundo um "circuito sistêmico" que começa com dinheiro para contratar trabalhadores e

CAPÍTULO VIII - A NOVA MACROECONOMIA DO EQUILÍBRIO GERAL...

meios de produção e termina com a venda das mercadorias já produzidas por dinheiro.

Keynes escreveu a *Teoria geral* para explicar não a ocorrência de simples flutuações cíclicas da economia, mas sim um momento de "ruptura de expectativas" – a Grande Depressão. Nas flutuações cíclicas, a contração do investimento e do consumo deprimem a acumulação interna das empresas e a renda das famílias, suscitando problemas de endividamento e risco que podem ser resolvidos com mudanças suaves na política monetária e na velocidade e intensidade do gasto público.

Nas crises, ocorre o colapso dos critérios de avaliação da riqueza que vinham prevalecendo. As expectativas de longo prazo capitulam diante da incerteza e não é mais possível precificar os ativos. Os métodos habituais que permitem avaliar a relação risco/rendimento dos ativos sucumbem diante do medo do futuro. A obscuridade total paralisa as decisões e nega os novos fluxos de gasto.

O destino da sociedade é decidido na alma dos possuidores de riqueza, onde se trava a batalha entre as forças de criação de nova riqueza e o exército negro comandado pelo "amor ao dinheiro". O investimento privado é concebido como uma vitória do espírito empreendedor sobre o medo decorrente da "incerteza e da ignorância quanto ao futuro". É a tensão não mensurável entre as expectativas a respeito da evolução dos rendimentos do novo capital produtivo e o sentimento de segurança proporcionado pelo dinheiro que vão determinar, a cada momento, o desempenho das economias de mercado. A vida do homem comum vai depender do volume de gastos que os capitalistas – detentores dos meios de produção e controladores do crédito – estarão dispostos a realizar, criando mais renda e mais emprego.

Capítulo IX
CONSIDERAÇÕES SOBRE A DINÂMICA E A INSTABILIDADE DO CAPITALISMO

O economista Michel Kalecki formulou nos anos 30 a famosa parêmia: "os capitalistas ganham o que gastam e os trabalhadores gastam o que ganham"

Os dois fundadores do método de análise da *economia como um todo*, Keynes e Kalecki afirmaram – contrariando o senso comum – que o crescimento da renda da comunidade e dos lucros empresariais depende da disposição de empresários, consumidores, governo ou os compradores estrangeiros possam realizar um dispêndio superior ao que estão ganhando, isto é, estejam colocando mais dinheiro na economia do que estão tirando

Essa "aceleração" do dispêndio agregado é que vai induzir o crescimento dos lucros e da renda..

O capitalismo é um regime histórico de produção que se desenvolveu a partir da interação virtuosa entre a divisão social do trabalho e a generalização do mercado. Em seu desenvolvimento foram gestadas técnicas e formas de produção e de uso de energia não-humana que o diferenciam radicalmente de outras formações sociais e econômicas. A consequência mais importante da generalização do mercado é o assalariamento, ou seja, a livre contratação de trabalhadores mediante o pagamento de uma renda monetária. No mesmo movimento, o capitalismo promoveu o surgimento das forças produtivas apropriadas à sua expansão.

A Revolução Industrial engendrou a separação entre os setores de bens de produção e bens de consumo. A divisão interna do trabalho na manufatura celebrada por Adam Smith suscitou a mecanização das funções e a utilização crescente de máquinas cuja produção "industrializada" promoveu a divisão social do trabalho entre o departamento de bens de produção e o departamento de bens de consumo. A geração de valor e de mais valor, ou seja, a geração da renda e sua distribuição entre lucros e salários, impôs a diferenciação entre os *valores de uso* adequados à reprodução das classes sociais que contribuem para a criação da riqueza. Por sua "natureza" material, os bens de produção, particularmente os bens de capital fixo, não podem ser consumidos, ou melhor, o seu "consumo" só pode ocorrer ao longo do tempo, se mobilizados pelos gastos de investimento dos possuidores de riqueza para produzir outros bens.

Para mobilizar esse aparato produtivo e responder a seus impulsos expansionistas, o capitalismo em sua dimensão fundamental de economia monetária, incorporou à sua dinâmica, o sistema de crédito, outrora dedicado a financiar os desatinos das majestades do Medievo e do Ancien Regime.

Na economia capitalista plenamente constituída, as decisões de gasto dos empresários nos setores de bens de produção e de meios de consumo são avaliadas pelo sistema de crédito.Para tanto, diante de um certo estado de expectativas a respeito dos rendimentos futuros, os empresários dos dois setores "financiam" nos bancos a aquisição dos meios de produção e a contratação de novos trabalhadores para conquistar lucros acrescentados. Dos salários pagos e dos lucros realizados saem as poupanças privadas que vão liquidar as dívidas ou se juntar ao estoque já existente de riqueza financeira da sociedade.

Esse sistema, incluído o Banco Central, é incumbido de regular a expansão da moeda de crédito criada a partir dos empréstimos. Esses empréstimos geram depósitos que podem ser mobilizados como meios de pagamento. O sistema financeiro em sentido amplo, inclui as bolsas

CAPÍTULO IX - CONSIDERAÇÕES SOBRE A DINÂMICA E A INSTABILIDADE...

de valores, os bancos de investimento e os mercados monetários atacadistas, onde famílias e empresas depositam seus saldos de curto prazo com direito a resgate automático. As instituições que compõem o chamado mercado financeiro também são responsáveis pela avaliação diária do *estoque* de direitos de propriedade e de títulos de dívida nascidos dos *fluxos* anteriores de financiamento ao gasto em novos ativos reprodutivos ou acumulados a partir dos créditos destinado à compra de ativos já existentes.

Não custa repetir: é o gasto que cria a renda – e*xpenditure creates income*. O que permite aos empresários e consumidores gastarem acima de sua renda corrente é a existência do crédito. O crédito é uma aposta, uma antecipação, sujeita a perdas, do valor a ser criado mediante a contratação da força de trabalho e sua utilização no processo de produção. Os bancos devem sancionar a aposta dos empresários e dos consumidores, imaginando que os lucros e rendimentos gerados serão suficientes para pagar os empréstimos e ainda produzir um sobre valor monetário.

Ao formular a hipótese sobre a demanda efetiva Keynes concebeu as decisões de produção dos empresários de bens de consumo e de bens de produção como *simultâneas*, guiadas, em condições de incerteza radical, por expectativas a respeito de horizontes temporais distintos. As decisões de produção corrente informadas pelas expectativas de curto-prazo se combinam com as avaliações de longo prazo ao longo da curva de demanda efetiva.

O princípio da demanda efetiva sustenta que o nível de renda e emprego da comunidade é determinado pelas decisões de gastos dos capitalistas, as quais (dado o estoque de equipamento) são tomadas a partir de avaliações efetuadas isoladamente por cada empresário sobre as quantidades que antecipam vender a um determinado preço (de oferta). O conjunto das decisões de gasto determina, em cada momento, qual será o nível de renda da comunidade. Portanto, o que os empresários estão decidindo gastar agora na produção de bens de consumo e de bens de investimento está a criar a renda da comunidade.

É importante ressaltar a simultaneidade das decisões de produção, se considerarmos uma economia em dois setores, para a interpretação do significado multiplicador keynesiano ou dos multiplicadores de Kalecki. Em ambos os autores a ideia de multiplicador tem por objetivo estabelecer uma hierarquia das decisões de gasto em que as decisões de produzir correntemente bens de investimento determinam o volume que deve ser produzido no setor de bens de consumo (Keynes). Essa hierarquia revela o tipo de decisão (a decisão de investir) que é fundamental para a determinação do lucro agregado.

A grande concentração de capital fixo e dominância dos bancos na intermediação financeira ancoram a dinâmica do capitalismo no aumento da produtividade social do trabalho, o que, por sua vez, impulsiona a competição entre as empresas pela inovação tecnológica. A incorporação de novas gerações de insumos e equipamentos reduz, no mesmo movimento, o tempo de trabalho e o número de trabalhadores necessários para produzir bens e serviços.

Para examinar os efeitos patrimoniais deste processo de aumento do investimento, da renda, dos lucros e a manutenção das condições de liquidez e do crédito, consideremos que em um determinado momento há um conjunto de empresas que está realizando o gasto de investimento e já exerceu a demanda de "finance". Este conjunto de empresas está, então, realizando um "déficit" financiado pelos bancos. Ao mesmo tempo, um outro conjunto está colhendo os resultados de suas decisões anteriores de investimento, isto é, realizam um superávit, um "surplus". É a obtenção deste superávit corrente que permite simultaneamente: a) servir às dívidas contraídas para o financiamento dos ativos formados no passado, eb) acumular fundos líquidos dos quais se nutre o sistema bancário, enquanto intermediário financeiro, aproximando as unidades deficitárias das superavitárias.

O prosseguimento do processo de aumento do investimento e do endividamento permite, portanto, servir a dívida passada. Isto significa que a economia deve gerar dívida no presente para que a dívida passada possa ser honrada. Nesse sentido, o investimento gera um rastro de dívidas.

A notória instabilidade do capitalismo decorre fundamentalmente do caráter problemático da decisão de adquirir novos bens de produção mediante estimativas a respeito de seu rendimento futuro. É uma aposta realizada em condições de incerteza. Como regra geral, as etapas de contração do emprego e da renda decorrem da queda do investimento agregado das empresas privadas. Se o investimento privado declina, não é recomendável que o investimento público também se retraia, porquanto a redução simultânea do gasto privado e do gasto público vai fatalmente afetar o emprego, o pagamento de salários e o pagamento de impostos. Diante da queda do faturamento, as empresas encolhem os gastos, demitem trabalhadores com o propósito de reduzir o seu próprio endividamento, mas do ponto de vista macroeconômico isto leva necessariamente ao aumento da dívida porque dificulta para o conjunto da economia o pagamento do serviço da dívida passada. Ou seja, se cada unidade individualmente decide diminuir seu déficit corrente, o resultado poderá ser um agravamento da situação patrimonial do conjunto das empresas, bem como da capacidade de servir os compromissos correntes, diante da rigidez dos custos financeiros da dívida contratada no passado. Caso a economia enverede na senda da deflação, será inevitável aelevação do grau de endividamento e o valor dos encargos financeiros. Já a inflação moderada, desacompanhada da indexação generalizada dos contratos de financiamento promove a desvalorização das dívidas. Não por acaso, nesse momento, as políticas de metas nos países desenvolvidos estão empenhadas no aumento da inflação de bens e serviços para provocar a desvalorização das dívidas.

Cabe destacar o papel dos rentistas e o comportamento de suas rendas e de seu consumo. Preservados do processo que conduz à queda da acumulação de lucros e ao simultâneo aumento do grau de endividamento das empresas, os rentistas não contrabalançam esses resultados: resistem à queda de suas rendas e o desejo de acumular riqueza subordina a decisão de consumo.

O comportamento das famílias típicas assalariadas é oposto. Porém aqui a formação de "deficits" é contraditória com a queda da renda derivada do declínio do investimento. Exceto nos momentos de crescimento da renda ou de inovações financeiras que permitam a antecipação do consumo, as famílias não tem autonomia para decidiro gasto e compensar a queda do investimento. Em suma, o gasto derivado dos salários depende da disposiçãodos capitalistas de ampliar o volume de emprego e da massa de salários. O que se pretende ressaltar é, neste caso, o caráter eminentemente passivo do gasto dos trabalhadores.

Estas considerações fundamentam a conclusão de que um processo de queda do endividamento, numa conjuntura de redução do investimento, só poderá ocorrer com a intervenção de um agente externo disposto a incorrer em déficit e dívida nova. Vejamos duas outras questões: a do risco e do ajustamento dos "**portfólios**".

Em cada momento podemos imaginar a existência na economia de uma estrutura de ativos e dívidas resultantes das decisões passadas de empresas, bancos, famílias à qual estão se agregando os resultados das decisões presentes quanto à posse de ativos. A posse desses ativos e bens foi obtida mediante contratos de dívida. Os contratos de dívida sempre mereceram uma atenção especial porque embora amparem o financiamento de ativos de rendimento incerto, obrigam a pagamentos certos e regulares.

Nas condições acima descritas, é a elevação do risco para credores e devedores e a maior incerteza acerca da validade dos valores da riqueza real que tende a fazer com que o conjunto da economia caminhe à busca de maior liquidez, tanto em termos dos fluxos quanto dos **portfólios**. Em outras palavras, seria desenvolvida uma tendência em direção à paralisação relativa ou queda da produção e a uma taxa de juros ainda maior nos empréstimos às empresas e famílias, neste último caso, como reflexo da elevação do custo de se desprender da liquidez, o que agrava o declínio do investimento.

Nesta situação, os riscos aumentam de ambos os lados – credores e devedores finais. O risco destes aumenta porque as condições de cobertura dos compromissos financeiros assumidos se deteriora. O risco dos credores aumenta porcausadadeterioração daqualidadedos ativos e no caso dos bancos,como intermediários,devidoàsua posição simultaneamente credoraedevedoraeàdiferençaentreastaxasdeaplicação (fixas)e de captação (estas revistascommaior periodicidade).

Como veremos logo abaixo, para Keynes, com o propósito de impedir a ocorrência de surtos de euforia sucedidas por crises deflacionárias e quedas abruptas da renda e do emprego, a estabilização do investimento e a regulação da finança deveriam estar inscritas de forma permanente nas políticas do Estado.

CAPÍTULO IX - CONSIDERAÇÕES SOBRE A DINÂMICA E A INSTABILIDADE...

Como veremos logo abaixo, para Keynes, com o propósito de impedir a ocorrência de surtos de euforia sucedidas por crises deflacionárias e quedas abruptas da renda e do emprego, a estabilização do investimento e a regulação da finança deveriam estar inscritas de forma permanente nas políticas do Estado.

Capítulo X
CONSIDERAÇÕES SOBRE A FILOSOFIA SOCIAL DE KEYNES

No último capítulo de sua obra maior – *Teoria geral do emprego, do juro e do dinheiro* – intitulado "Notas finais sobre a filosofia social a que poderia levar a Teoria geral", Keynes constrói a síntese entre a sua filosofia moral e a crítica à "teoria clássica" empreendida ao longo do livro. Ele propõe um conjunto de políticas apoiadas nas concepções já sugeridas no artigo de 1933 "The Means to Prosperity" : "O problema econômico é uma questão de economia política, isto é, da combinação entre teoria econômica e a arte da gestão estatal".[64]

Nesse último capítulo da *Teoria geral* está formulada a matriz de política econômica capaz de obviar os incômodos da incerteza e de mitigar o medo e a insegurança que projetam os possuidores de riqueza nos descaminhos da adoração ao dinheiro. Keynes deixa escapar um reformismo mais radical do que alguns keynesianos, seus seguidores, gostariam de admitir.

Keynes repudiava veementemente as políticas de curto prazo, "oportunistas", típicas do keynesianismo bastardo. A propósito das formas

---

[64] KEYNES, John Maynard. "My Early Beliefs". *In*: MOGGRIDGE, D. (Org.). *The Collected Writings of John Maynard Keynes*. vol. X. Londres: Macmillan, 1972, p. 336.

de intervenção do Estado, revela suas concepções em resposta irada a seu amigo James Meade:

> Você acentua demais a cura e muito pouco a prevenção. A flutuação de curto prazo no volume de gastos em obras públicas é uma forma grosseira de cura, provavelmente destinada ao insucesso. Por outro lado, se a maior fração do investimento está sob o controle público ou semipúblico e assim caminhamos para um programa de estabilidade de longo prazo, flutuações mais intensas serão muito menos prováveis de acontecer. Eu sinto, portanto, que você não faz justiça ao investimento sob controle público ao simplesmente enfatizar a deficiência desse método, enquanto subestima sua eficácia para propósitos preventivos e como forma de evitar flutuações pronunciadas, as quais, uma vez tendo ocorrido, são tão difíceis de enfrentar.[65]

A geração de déficits monumentais e as políticas exasperadas de liquidez são "formas grosseiras" e danosas de sustentação do lucro macroeconômico e de proteção dos portfólios privados. Na ausência de políticas de coordenação sistemática do investimento, tais formas grosseiras tornam-se imprescindíveis para evitar o desastre de uma depressão e o ônus da crise para a população.

As lições que podem ser extraídas do capítulo XXIV da *Teoria geral* estão profundamente ancoradas nas convicções de Keynes a respeito da instabilidade intrínseca da "economia monetária da produção" e de sua incapacidade de transformar seu imenso potencial produtivo no atendimento das demandas dos povos e das classes menos favorecidas.

Preocupado com os riscos políticos e sociais inerentes à estatização dos meios de produção, Keynes formula, no entanto, uma proposta radical de longo prazo para a estabilização do capitalismo em pleno emprego e para satisfazer os valores da igualdade e da liberdade.

São quatro pontos que, para Keynes, são essenciais para conter a instabilidade do capitalismo:

---

[65] KEYNES, John Maynard. "Activities 1940-1946". *In*: MOGGRIDGE, D. (Org.). *The Collected Writings of John Maynard Keynes*. vol. XXVII. Londres: Macmillan, 1980, p. 326.

CAPÍTULO X - CONSIDERAÇÕES SOBRE A FILOSOFIA SOCIAL DE KEYNES

1. Socialização dos investimentos;
2. Sistema fiscal progressivo e transferência de renda para as camadas sociais com alta propensão a consumir;
3. Eutanásia do *rentier*;
4. Sistema monetário internacional público e centralizado.

O primeiro ponto desse arranjo de política econômica é a "socialização do investimento", entendida como a coordenação pelo Estado das relações entre o investimento público e privado. O "orçamento de capital" do governo deve ser administrado de modo a minorar as dúvidas que contaminam o investimento privado. Ao abordar a socialização do investimento, Keynes advoga um papel central à coordenação estatal das decisões privadas inexoravelmente maculadas pela incerteza radical. Trata-se de evitar as intervenções pontuais *ex post* que caracterizam as políticas econômicas chamadas impropriamente de keynesianas.

Os efeitos danosos da busca desaçaimada pela riqueza precisam ser neutralizados mediante a ação jurídica e política do Estado racional e, sobretudo, mediante a atuação de "corpos coletivos intermediários"; como, por exemplo, um Banco Central dedicado à gestão consciente da moeda e do crédito.

Keynes acreditava que a cura para os males do capitalismo deve ser buscada, em parte, pelo controle da moeda e do crédito por uma instituição central e, em parte, por um acompanhamento da situação dos negócios, subsidiados por abundante produção de dados e informações. Ele falava da direção inteligente pela sociedade dos mecanismos profundos que movem os negócios privados; particularmente os processos que envolvem as decisões de investimento, ou seja, a criação de riqueza nova. Recomendava a definição pelo governo de um "orçamento de capital" destinado a amortecer as tendências à flutuação do investimento privado e a coibir os abismos da preferência pela liquidez. A socialização do investimento é o melhor remédio contra a socialização dos meios de produção. O Estado funcionaria, assim, como um instrumento de convergências das expectativas valendo-se da complementariedade entre investimento público e investimento privado: "Creio que uma socialização bastante completa do investimento será o único meio de se aproximar do pleno emprego, ainda que isso não exclua qualquer forma de cooperação entre a autoridade pública e a iniciativa privada".[66]

O sistema fiscal deve ser construído para permitir a redistribuição da renda dos mais abonados – especialmente, mediante a taxação dos elevados rendimentos e das heranças – para as classes menos favorecidas, com o objetivo de manter o consumo crescendo à mesma velocidade da expansão da renda. Keynes dizia que a socialização do investimento e o correspondente ajustamento da propensão a consumir da comunidade é a única forma de preservar os princípios da iniciativa individual:

> A tarefa de ajustar a propensão a consumir ao estímulo a investir pareceria a um publicista do século XIX ou a um financista norte-americano contemporâneo uma abominável limitação ao individualismo; a mim parece o contrário: o único meio praticável de evitar a destruição total das instituições econômicas atuais e com a condição de um proveitoso exercício da iniciativa individual.[67]

A proposta keynesiana de socialização do investimento está associada à eutanásia do *rentier*, a abolição do poder dos proprietários e administradores da riqueza líquida. A política bancária e de crédito deve ser administrada a fim de neutralizar "o poder de opressão cumulativo do capitalista para explorar o valor de escassez do capital. [...] enquanto pode haver razões intrínsecas para a escassez da terra, não as há para a escassez de capital".[68]

---

[66] KEYNES, John Maynard. *Teoria geral do emprego, do juro e do dinheiro*. Rio de Janeiro: Fundo de Cultura, 1970, p. 356.

[67] KEYNES, John Maynard. *Teoria geral do emprego, do juro e do dinheiro*. Rio de Janeiro: Fundo de Cultura, 1970, p. 358.

[68] KEYNES, John Maynard. *Teoria geral do emprego, do juro e do dinheiro*. Rio de Janeiro: Fundo de Cultura, 1970, p. 354.

CAPÍTULO X - CONSIDERAÇÕES SOBRE A FILOSOFIA SOCIAL DE KEYNES

Keynes imaginou que o rentista, aquele que vive de juro, tenderia a desaparecer progressivamente à medida que a economia capitalista se aproximasse dos territórios da abundância. Nas terras da abundância, o capital deixaria de ser escasso e assim estariam abolidas as travas que o afã de acumulação estéril de riqueza monetária impõe ao investimento produtivo, ao crescimento da economia e à criação de empregos.

Capítulo XI
KEYNES EM BRETTON WOODS

No capítulo XXIV da *Teoria geral*, Keynes já clama por uma distribuição mais equitativa do ajustamento dos desequilíbrios de balanço de pagamento entre deficitários e superavitários, como forma de evitar os desatinos competitivos de "empobrecer o vizinho". Isso significava facilitar o crédito aos países deficitários e penalizar os países superavitários. O propósito era evitar "ajustamentos deflacionários" e manter as economias na trajetória do pleno emprego.

Não surpreende que nos trabalhos elaborados para as reuniões que precederam as reformas de Bretton Woods, Keynes tenha tomado posições radicais em favor da administração centralizada e pública do sistema internacional de pagamentos e de criação de liquidez. Ele imaginava que o controle de capitais deveria ser "uma característica permanente da nova ordem econômica mundial do pós-guerra. Para ser efetivo esse controle envolveria provavelmente uma engrenagem de administração estrita do câmbio para todas as transações mesmo se o balanço em conta corrente estiver em geral aberto".[69]

Uma instituição supranacional – um banco central dos bancos centrais – seria encarregada de executar a gestão "consciente" das necessidades

---

[69] KEYNES, John Maynard. "Activities 1940-1946". *In*: MOGGRIDGE, D. (Org.). *The Collected Writings of John Maynard Keynes*. vol. XXVII. Londres: Macmillan, 1980, p. 86.

de liquidez do comércio internacional e dos problemas de ajustamento de balanço de pagamentos entre países, superavitários e deficitários. Keynes pretendia evitar os métodos de ajustamento recessivos e assimétricos impostos aos países deficitários e devedores por um sistema internacional em que os problemas de liquidez ou de solvência dependem da busca da "confiança" dos mercados de capitais.

As instituições multilaterais de Bretton Woods – o Banco Mundial e o FMI – nasceram com poderes de regulação inferiores aos desejados inicialmente por Keynes e Dexter White, respectivamente representantes da Inglaterra e dos Estados Unidos nas negociações do acordo, que se desenvolveram basicamente entre 1942 e 1944. Harry Dexter White pertenceu à chamada ala esquerda dos New Dealers e foi por isso investigado duramente, depois da guerra, pelo Comitê de atividades antiamericanas do Congresso. Seu plano inicial previa a constituição de um verdadeiro Banco Internacional e de um Fundo de Estabilização. Juntos, o Banco e o Fundo deteriam uma capacidade ampliada de provimento de liquidez ao comércio entre os países-membros e seriam mais flexíveis na determinação das condições de ajustamento dos déficits do balanço de pagamentos. Isso assustou o *establishment* americano. Uns porque entendiam que esses poderes limitavam seriamente o raio de manobra da política econômica nacional americana; outros porque temiam a tendência "inflacionária" desses mecanismos de liquidez e de ajustamento.

Keynes propôs a *International Clearing Union,* uma espécie de Banco Central dos bancos centrais. A *International Clearing Union* emitiria uma moeda bancária, o *bancor,* ao qual estariam referidas as moedas nacionais. Os déficits e superávits dos países corresponderiam a reduções e aumentos das contas dos bancos centrais (em *bancor*) junto à *International Clearing Union*. Uma peculiaridade do Plano Keynes era a distribuição mais equitativa do ônus do ajustamento dos desequilíbrios dos balanços de pagamentos entre deficitários e superavitários. Isso significava, na verdade, dentro das condicionalidades estabelecidas, facilitar o crédito aos países deficitários e penalizar os países superavitários.

O Plano visava a, sobretudo, eliminar o papel perturbador exercido pelo ouro – ou por qualquer divisa-chave – como último ativo

CAPÍTULO XI - KEYNES EM BRETTON WOODS

de reserva do sistema. Tratava-se não só de contornar o inconveniente de submeter o dinheiro universal às políticas econômicas do país emissor, mas também de evitar que a moeda internacional assumisse a função de um perigoso agente da "fuga para a liquidez". Essa dimensão essencial do Plano Keynes é frequentemente obscurecida pela opinião dominante que sublinha com maior ênfase o caráter assimétrico dos ajustamentos de balanço de pagamentos entre credores e devedores.

No plano Keynes não haveria lugar para a livre movimentação de capitais em busca de arbitragem ou de ganhos especulativos: "Nenhum país pode permitir a fuga de capitais, seja por razões políticas, seja para evadir o fisco ou mesmo por conta de antecipações dos proprietários de riqueza".[70]

A referência às antecipações indica que Keynes implicitamente reconhecia a diferença de qualidade entre os títulos de riqueza denominados nas moedas nacionais e os carimbados com o selo da moeda universal: são substitutos imperfeitos. Diante da hierarquia de moedas – a moeda reserva é mais "líquida" do que as moedas nacionais –, o teorema da paridade descoberta das taxas de juros não funciona. Com mobilidade de capitais, os mercados financeiros prosseguem sem sustos na "arbitragem" entre juros internos e externos, sem convergência das taxas de juro, descontados os diferenciais de inflação esperada. No volume 2 de *A Treatise on Money*, Keynes afirma que, com livre movimentação de capitais, "a taxa de juro de um país é fixada por fatores externos e é improvável que o investimento doméstico alcance o nível de equilíbrio",[71] ou seja, um valor compatível com o melhor aproveitamento dos fatores de produção disponíveis.

A proposta, como já se disse, sofreu sérias restrições dos Estados Unidos, país que emergiu da segunda guerra como credor do resto do

---

[70] KEYNES, John Maynard. "Activities 1940-1946". *In*: MOGGRIDGE, D. (Org.). *The Collected Writings of John Maynard Keynes*. vol. XXVII. Londres: Macmillan, 1980, p. 185.
[71] KEYNES, John Maynard. "A Treatise on Money". vol II. *In*: MOGGRIDGE, D. (Org.). *The Collected Writings of John Maynard Keynes*. vol. VI. Londres: Macmillan, 1971, p. 295.

mundo e superavitário em suas relações comerciais com os demais. O enfraquecimento do Fundo, em relação às ideias originais, significou a entrega das funções de regulação de liquidez e de emprestador de última instância ao *Federal Reserve*. O sistema monetário de Bretton Woods foi menos "internacionalista" do que desejariam os que sonhavam com uma verdadeira ordem econômica mundial.

Em 1944, nos salões do hotel Mount Washington, na acanhada Bretton Woods, a utopia monetária de Keynes capitulou diante da afirmação da hegemonia americana pela imposição do dólar – ancorado no ouro – como moeda universal investida na função perturbadora de reserva universal de valor.

Reexaminadas à distância de mais de setenta anos, as concepções de Keynes e de Dexter White sobre as instituições e as regras que deveriam presidir uma verdadeira ordem econômica internacional parecem inspiradas em uma visão pessimista acerca das virtudes do mercado autorregulado e particularmente negativa em relação à movimentação livre dos capitais de curto prazo. Ainda que o sistema de regras e de instituições de Bretton Woods tenha na verdade se revelado apenas uma sombra da realidade imaginada pelos dois homens públicos, hoje ninguém discute o caráter singular do período de expansão capitalista do pós-guerra, até meados dos anos 1970.

O arranjo monetário realmente adotado em Bretton Woods sobreviveu ao gesto de 1971 – a desvinculação do dólar ao ouro – e à posterior flutuação das moedas, em 1973. Na esteira da desvalorização continuada dos anos 1970, a elevação brutal do juro básico americano em 1979 derrubou os devedores do Terceiro Mundo e lançou os europeus na "desinflação competitiva".

Desde os anos 1980, o Fundo empenha a alma – se é que tem uma – na abertura financeira. Sendo assim, as crises do México, da Ásia, da Rússia e do Brasil eram mais do que previsíveis. Só os tolos e desavisados – os ideólogos do baixo monetarismo – ainda teimam em ignorar que os sólidos "fundamentos" fiscais não são suficientes (e nem podem ser) para evitar um colapso cambial e financeiro depois de um ciclo exuberante e descontrolado de endividamento externo.

CAPÍTULO XI - KEYNES EM BRETTON WOODS

No caso da economia coreana, engolfada na crise financeira de 1997/98, os bons "fundamentos" contribuíram para construir as condições que levaram ao desastre. A "confiança" dos investidores levou à apreciação da moeda nacional, o Won, a déficits elevados em transações correntes e, finalmente, à "parada súbita" causadora da crise cambial e bancária. Às vésperas da crise asiática de 1997/98, a Coreia dispunha de condições fiscais impecáveis: superávit nominal de 2,5% e dívida pública inferior a 15% do PIB. A missão do FMI, encarregada de analisar a situação da economia coreana, teceu loas a seus sólidos "fundamentos".

Nas crises cambiais dos anos 1990, protagonizadas pela periferia (México, Ásia, Rússia, Brasil e Argentina), os títulos do governo dos Estados Unidos ofereceram repouso para os capitais cansados das aventuras em praças exóticas. Assim, os tormentos da crise cambial e dos balanços estropiados de empresas e bancos foram reservados para os incautos que acreditaram nas promessas de que "desta vez será diferente".

Na posteridade da crise asiática, os governos e o Fundo Monetário Internacional ensaiaram a convocação de reuniões destinadas a imaginar remédios para "as assimetrias e riscos implícitos" no atual regime monetário internacional e nas práticas da finança globalizada. Clamavam por uma reforma da arquitetura financeira internacional. A reação do governo Clinton – aconselhado por Robert Rubin e Lawrence Summers, conselheiros de Barack Obama – foi negativa. Os reformistas enfiaram a viola no saco.

A pretendida e nunca executada reforma do sistema monetário internacional, ou coisa assemelhada, não vai enfrentar as conturbações geradas pela decadência americana. Vai sim acertar contas com os desafios engendrados pelo dinamismo da globalização. Impulsionada pela "deslocalização" da grande empresa americana e ancorada na generosidade da finança privada dos Estados Unidos, o processo de integração produtiva e financeira das últimas duas décadas deixou como legado o endividamento sem precedentes das famílias "consumistas" americanas e a migração da indústria manufatureira para a Ásia "produtivista". Não por acaso a China acumulou 4 trilhões de dólares de reservas nos cofres do Banco Popular da China.

Mesmo depois da queda do *subprime*, não será fácil convencer os americanos a partilhar os benefícios implícitos na gestão da moeda reserva. Em um primeiro momento, os déficits em conta corrente dos Estados Unidos responderam timidamente à desvalorização do dólar provocada pela afluência de grana nas reservas dos bancos e demais instituições financeiras. A política de inundação de liquidez destinada a adquirir, sobretudo, títulos de dívida pública de longo prazo (*quantitative easing*) impulsionou, primeiramente, a desvalorização do dólar, mas afetou muito pouco sua utilização como moeda de denominação das transações comerciais e financeiras, a despeito do avanço do yuan nos negócios entre os países asiáticos.

Seja como for, a crise demonstrou que a almejada correção dos chamados desequilíbrios globais exigirá regras de ajustamento não compatíveis com o sistema monetário internacional em sua forma atual, aí incluído o papel do dólar como moeda reserva. Isto não significa prognosticar a substituição da moeda americana por outra, seja o euro, seja o yuan, mas significa constatar que o futuro promete solavancos e colisões nas relações comerciais e financeiras entre as nações.

Capítulo XII
DA UTOPIA KEYNESIANA À REAÇÃO NEOLIBERAL

Até meados dos anos 1970, é bom lembrar, o crescimento econômico na Europa e nos Estados Unidos era acompanhado do aumento dos salários reais, da redução das diferenças entre os rendimentos do capital e do trabalho e de uma maior igualdade *dentro* da escala de salários.

Na convenção do Partido Democrata, em 1936, Roosevelt atacou os "príncipes privilegiados" das novas dinastias econômicas: "Sedentas de poder, elas se lançaram ao controle do governo. Criaram um novo despotismo envolvido nas roupagens da legalidade. Mercenários a seu serviço trataram de submeter o povo, seu trabalho e sua propriedade".

A política econômica de Roosevelt andou em zigue-zague, mas, feitas as contas, significou a vitória do indivíduo-cidadão sobre o individualismo selvagem dos que se enriqueceram à farta nos ciclos anteriores de prosperidade. O cidadão-trabalhador não deveria mais ficar à mercê das idiossincrasias do mercado, dos caprichos do processo de concorrência.

A arquitetura capitalista desenhada nos anos 1930 sobreviveu no pós-guerra e, durante um bom tempo, ensejou a convivência entre estabilidade monetária, crescimento rápido e ampliação do consumo dos assalariados e dos direitos sociais. O sonho durou trinta anos e, no clima da Guerra Fria, as classes trabalhadoras gozaram de uma prosperidade sem precedentes. Até meados dos anos 1970, é bom relembrar, o crescimento econômico foi acompanhado do aumento dos salários reais, da redução das diferenças entre os rendimentos do capital e do trabalho e de uma maior igualdade dentro da escala de salários.

A experiência histórica mostrou que, sob certas circunstâncias, é possível a manutenção de um equilíbrio relativamente estável e dinâmico entre essas duas tendências contraditórias das sociedades modernas: de um lado, as exigências da acumulação de riqueza abstrata; de outro, os desejos dos homens comuns, que aspiram simplesmente a uma vida digna e sem sobressaltos.

Em seu livro *A consciência de um liberal,* Paul Krugman apelidou o período que vai dos anos 1930 ao início da década de 1950 de "A Grande Compressão". A despeito da precariedade dos dados, as estimativas de Simon Kuznets ajudaram Krugman a concluir que a "grande compressão" não só envolveu o crescimento mais rápido dos rendimentos das categorias sociais situadas na base da pirâmide, como decorreu do "empobrecimento" das camadas superiores. Esses dois movimentos foram sustentados por três forças, na opinião de Krugman: de baixo para cima, a sindicalização incentivada por Roosevelt impulsionou a elevação dos salários reais e, ao mesmo tempo, o *Social Security Act* de 1935 passou a proteger os mais débeis "dos sérios problemas criados pela insegurança econômica na sociedade industrial"; de cima para baixo, a brutal elevação da carga tributária e o caráter progressivo dos impostos surripiaram a renda dos mais ricos; finalmente, a baixa intensidade da concorrência externa permitiu às empresas americanas abiscoitar os lucros proporcionados pela sustentação da demanda interna.

Depois de mais de trinta anos de predomínio, as chamadas políticas de liberalização, ou *neoliberais,* já podem ser submetidas a um escrutínio mais acurado. Atribui-se a elas o controle da inflação *urbi et orbi* mediante a utilização do celebrado tripé: regime de metas de inflação, câmbio flexível e superávit primário nas contas públicas.

CAPÍTULO XII - DA UTOPIA KEYNESIANA À REAÇÃO NEOLIBERAL

Essas são as políticas macroeconômicas ajustadas ao projeto neoliberal. Suas pretensões de cientificidade, na verdade, ocultam a denúncia de Karl Polanyi a respeito da utopia do mercado autorregulado, ou seja, da economia desencastoada da sociedade, empenhada na rejeição dos mecanismos democráticos de participação popular nas deliberações.

As políticas neoliberais revelam as contradições cada vez mais aguçadas entre a economia fundada na lógica e no predomínio da acumulação sem fim de riqueza monetária e o atendimento das necessidades concretas dos homens e mulheres que só podem sobreviver civilizadamente em uma sociedade guiada pelo reconhecimento das incompletudes da sociabilidade forjada em um sistema de relações sociais em que a busca do dinheiro como finalidade da produção suscita a ambição por mais dinheiro.

Não se trata aqui de perscrutar as características psicológicas dos indivíduos, mas de investigar as leis de movimento de um sistema econômico e social. Cuida-se de investigar a dinâmica de estruturas articuladas por nexos sociais que conformam a subjetividade moderna e obrigam os indivíduos a cumprir seus desígnios.

A economia capitalista dos últimos quarenta anos foi restaurada em suas formas essenciais no momento em que a força política das classes proprietárias e dominantes submeteu o Estado e o colocou como executor dos projetos de desregulamentação financeira, com fautor da flexibilização dos mercados de trabalho e garantidor dos movimentos de internacionalização da grande empresa. O capitalismo de Estado transfigurou-se no Estado do capitalismo.

As mudanças nos mercados financeiros nos últimos vinte anos acarretaram fantástica mobilidade dos capitais entre as diferentes praças, permitiram incrível velocidade da inovação financeira, sustentaram elevadas taxas de valorização dos ativos e, sobretudo, facilitaram e estimularam fusões e aquisições de empresas em todos os setores.

Decoding Complexity: Uncovering Patterns in Economic Networks – o trabalho pioneiro de James Glattfelder – desvela de forma rigorosa a concomitância entre a constituição das cadeias globais de valor e a brutal centralização do controle da produção e da distribuição da riqueza em um núcleo reduzido de grandes empresas e instituições da finança "mundializada", que mantêm entre si nexos de dependência nas decisões estratégicas.

A reconfiguração do capitalismo global envolveu mudanças profundas no modo de operação das empresas, dos mercados e do Estado: 1) a submissão das decisões estratégicas ao comando de grandes instituições financeiras; 2) a grande empresa oligopolista e "conglomerada", que prevaleceu entre os anos 1930 e o final da década de 1970, promoveu a desmontagem da estrutura "verticalizada". Concentrada na "atividade" principal (inovação, design, marketing e vendas), a grande empresa assume e função "integradora" no comando de uma rede de fornecedores espalhados pelo planeta; 3) ao mesmo tempo, sob o comando do capital financeiro, ocorre a *centralização do capital produtivo em escala mundial,* movimento que envolve a ampliação das fatias de mercado controladas, em todos os setores, pelas grandes empresas – tanto integradoras quanto fornecedoras.

O que está inscrito nos rabiscos do Tratado Transpacífico (*Trans-Pacific Partnership* – TPP) e do Tratado Transatlântico é uma tentativa de submeter uma fração importante do espaço asiático e europeu ao "novo mercantilismo" da grande empresa transnacional dispersa geograficamente, mas extremamente concentrada sob o controle dos megabancos norte-americanos, ingleses e europeus, e de seus fundos mútuos e fundos de pensão.

Essa convergência entre a centralização do controle pela finança, a fragmentação espacial da produção e a centralização do capital produtivo tem suscitado surtos intensos de demissões de trabalhadores, eliminação dos melhores postos de trabalho, enfim, a maníaca obsessão com a redução de custos. Foram, de fato, gigantescos os avanços na redução do tempo de trabalho exigido para o atendimento das necessidades, reais e imaginárias, da sociedade. Os resultados mesquinhos em termos de criação de novos empregos e de melhoria das condições de vida, no entanto, só podem ser explicados pelo peculiar metabolismo das economias de mercado, sob o reinado das finanças globalizadas.

CAPÍTULO XII - DA UTOPIA KEYNESIANA À REAÇÃO NEOLIBERAL

Assim, a grande empresa contemporânea move a economia capitalista na direção da concentração da riqueza e da renda, falhando com grande escândalo em sua capacidade de gerar empregos, de oferecer segurança aos que ainda consegue empregar ou de alentar os já empregados com perspectivas de melhores salários.

Nas últimas quatro décadas de "vacas magras" para o emprego e para os rendimentos, os lucros foram gordos para os especuladores financeiros e para as empresas empenhadas no *outsourcing* e na "deslocalização" das atividades para as regiões de salários "competitivos".

Os pesquisadores do Economic Policy Institute, Lawrence Mishel, Jared Bernstein e Sylvia Allegretto têm sido os responsáveis pela elaboração do estudo *The State of Working America*, publicado anualmente. Eles mostram que a expansão iniciada no último trimestre de 2001 foi acompanhada, entre 2002 e 2004, de uma queda de 3% (ou 1.600 dólares de 2004)[72] no rendimento real mediano das famílias, aquele situado exatamente no meio da escala de distribuição de renda. (Em uma distribuição simétrica – todos sabem –, a mediana é igual à média, mas esse não parece ser o caso da distribuição de renda nos Estados Unidos.)

Tais resultados confirmam as tendências prevalecentes na economia americana desde os anos 1980. Foram atenuados pelo desempenho do emprego e da renda na segunda metade dos anos 1990. Entre 1995 e 2000 – no auge do ciclo da tecnologia da informação – o rendimento real mediano das famílias americanas cresceu anualmente 2,2%, acompanhando de perto o crescimento da produtividade da economia que evoluiu à taxa anual de 2,5%.

Mishel, Allegretto e Bernstein mostram que, nesse período, há uma relação clara entre o comportamento da renda real de estratos inferiores e as condições do mercado de trabalho. Na segunda metade dos anos 1990, o rápido crescimento do emprego impulsionou a renda dos trabalhadores, sobretudo dos menos favorecidos, como afro-americanos,

---

[72] ALLEGRETTO, Sylvia; MISHEL, Lawrence; BERSTEIN, Jared. *The State of Working America*. Ithaca: Cornell. University. Press, 2004

hispânicos e mães chefes de família, cujos rendimentos, em termos reais, avançaram mais rapidamente do que o rendimento mediano. Depois de 2001, o chamado *jobless growth* enfraqueceu as forças que estimularam o crescimento da renda das famílias que frequentam as regiões mais baixas da pirâmide distributiva.

De maneira geral, nos ciclos recentes, tornou-se mais acentuada a dependência da evolução da renda das famílias de sua posição anterior na escala de rendimentos. Isso significa que as famílias mais bem situadas na vida, mais ricas, são as que experimentaram um crescimento maior da renda. Entre 1979 e 2000, por exemplo, a renda real das famílias situadas nos 20% inferiores da escala de distribuição – os 20% mais pobres – cresceu 6,1%. Já os 20% da faixa intermediária passaram a receber 12,3% a mais, enquanto os 20% do estrato superior foram agraciados com 70% de aumento. O rendimento médio dos que trafegam na exclusiva região da escala de distribuição, a renda dos senhores que pertencem ao 1% mais rico, os riquíssimos, avançou 184% no período.

O aumento da desigualdade foi também impulsionado pela expansão mais rápida e pela maior concentração dos rendimentos do capital entre as famílias de alta renda. Em 1979, as famílias aboletadas na estratosfera do 1% superior da distribuição recebiam 37,8% dos rendimentos do capital. Em 2000, sua participação subiu para 49,1%. Em 2003 – os dados mais recentes –, a turma de cima abocanhou 57,5%.

O desempenho sofrível dos rendimentos dos assalariados e da maioria dos que trabalham por conta própria combinou-se com a aceleração do crescimento dos rendimentos do capital para produzir um inevitável aumento nos índices de desigualdade na distribuição funcional da renda. Desde a era Reagan, pai das reformas pró-mercado, vem aumentando a participação dos rendimentos do capital na renda agregada.

Fatores decisivos para o comportamento decepcionante dos rendimentos da maioria da população foram, sem dúvida, a diminuição do

CAPÍTULO XII - DA UTOPIA KEYNESIANA À REAÇÃO NEOLIBERAL

poder dos sindicatos e a redução no número de sindicalizados, o crescimento do trabalho em tempo parcial e a título precário e a destruição dos postos de trabalho mais qualificados na indústria de transformação, sob o impacto da migração das empresas americanas para regiões onde prevalece uma relação mais favorável entre produtividade e salários.

No período, o crescimento da renda das famílias de classe média resultou do aumento das horas trabalhadas, por conta da maior participação das mulheres, as casadas em particular, no mercado de trabalho. Nas famílias com filhos, as mulheres acrescentaram, entre 1979 e 2000, 500 horas de trabalho ao total despendido pelo casal.

O estudo não deixa de pé sequer a ilusão de que a maior desigualdade foi compensada por uma maior mobilidade das famílias e dos indivíduos, desde os níveis mais baixos até os mais elevados da escala de renda e riqueza. Para surpresa de muitos, o estudo mostra que a mobilidade social nunca foi tão baixa no país das oportunidades.

O crescimento dos trabalhadores em tempo parcial e a título precário, sobretudo nos serviços, foi escolhido pela destruição dos postos de trabalho mais qualificados na indústria de transformação. O inchaço do subemprego e da precarização promoveu o endurecimento das condições de vida do trabalhador. A evolução do regime do "precariato" constituiu relações de subordinação dos trabalhadores dos serviços – independentemente da qualificação – que se desenvolvem sob práticas de flexibilidade do horário, temperadas com as delícias do trabalho "em casa". Essa "flexibilidade" torna o trabalhador permanentemente disponível para responder às exigências do empregador ou contratante.

Secretário do Trabalho dos Estados Unidos entre 1993 e 1997, Robert Reich denunciou em seu *blog* o rápido crescimento dos empregos precários no país das oportunidades:

> Na nova economia "compartilhada" – "economia do bico", ou economia "irregular" –, o resultado é o mesmo: incerteza a respeito dos rendimentos e horas de trabalho. Essa é a mudança mais importante na força de trabalho americana ao longo de um século.

E essa mudança ocorre à velocidade da luz. As estimativas sugerem que nos próximos cinco anos mais de 40% da força de trabalho americana estará submetida a um emprego precário.[73]

No livro *The Jobless Future*, Stanley Aronowitz e William DiFazio estudam as transformações no mercado de trabalho. Os autores estabelecem a distinção entre trabalho e emprego. Enquanto o trabalho para os remanescentes se torna mais duro e exigente, desaparecem os empregos seguros, de longo prazo. Estão em processo de extinção os empregos que proporcionam aposentadorias e pensões, seguro-saúde e outros benefícios. Com esses "privilégios", vai de embrulho a esperança de uma remuneração mais generosa à medida que o trabalhador avança na carreira. Aronowitz e DiFazio atribuem essas tendências muito mais a transformações tecnológicas da cibernética (técnicas de computação nas áreas de produção, design e administração), automação, especialização flexível.

Guy Standing, autor de livros e artigos importantes sobre o surgimento do precariado, faz uma distinção crucial entre a habitual insegurança dos assalariados e o surgimento de uma nova categoria de trabalhadores. Standing afirma que a falta de segurança no trabalho sempre existiu. Não é, no entanto, a insegurança que define o precariado. " Os integrantes desse grupo estão sujeitos a pressões que os habituaram à instabilidade em seus empregos e suas vidas. Mas, de forma ainda mais significativa, os trabalhadores do precariado não possuem qualquer identidade ocupacional ou uma narrativa de desenvolvimento profissional para suas vidas. E, ao contrário do antigo proletariado, ou dos assalariados que estão acima no ranking socioeconômico, o precariado está sujeito à exploração e a diversas formas de opressão por estarem fora do mercado de trabalho formalmente remunerado."[74]

Ainda assim, o que distingue o precariado é a sua trajetória de perda de direitos civis, culturais, políticos, sociais e econômicos. Ele não

---

[73] Disponível em <http://robertreich.org/post/127426324745>. Acesso em 2.2.2016.

[74] Disponível em < http://www.cartacapital.com.br/blogs/cartas-da-esplanada/terceirizacoes-devem-acelerar-o-crescimento-do-precariado-no-brasil-4345.html>. Acesso em 02.03.2016.

CAPÍTULO XII - DA UTOPIA KEYNESIANA À REAÇÃO NEOLIBERAL

possui os direitos integrais dos cidadãos que o cerca. O precariato está reduzido à condição de suplicante, próximo da mendicância, pois é dependente das decisões de burocratas, instituições de caridade e outros que detêm poder econômico.

O problema é, principalmente, o da insegurança na remuneração. Se houvesse políticas sensíveis para garantir a segurança da remuneração, como por meio de uma renda mínima, poderíamos aceitar a insegurança no emprego. A insegurança ocupacional é de outra natureza, já que buscamos desenvolver uma identidade ocupacional, e muitos gostariam de fazer o mesmo. A realidade, no Brasil e no mundo, é que medidas como a nova legislação das terceirizações no país intensificarão todas as formas de insegurança social e econômica. Essa é a tragédia da social-democracia trabalhista no século XX. O precariato, no entanto, está evoluindo e nos levará a novas opções políticas no futuro.

No livro *Os anos com Laura Díaz*, de Carlos Fuentes, o principal personagem é o século XX. Sobre ele, diz o autor:

> Há uma evidente crise universal da civilização urbana. Hoje, os países do Primeiro Mundo têm o seu Terceiro Mundo dentro. E países do Terceiro Mundo têm o seu Primeiro Mundo embutido... A novidade é que existem mais terceiros mundos dentro dos primeiros. É o mundo dos guetos, do descuido com a velhice, da misoginia, da homofobia, dos preconceitos, da falta de infraestrutura, da educação em declive, do crime, da insegurança, da droga.[75]

---

[75] FUENTES, Carlos. *Os anos com Laura Díaz*. Rio de Janeiro: Rocco, 2000.

Capítulo XIII
DESIGUALDADE E DÍVIDA PÚBLICA

Como já foi dito, o movimento de "liberalização dos mercados" promoveu simultaneamente a chamada globalização financeira e a centralização do controle da riqueza líquida nas instituições financeiras "grandes demais para falir".

Os grandes bancos internacionalizados, sobretudo os americanos, cuidaram de administrar em escala global a rede de relações débito-crédito. Impuseram, assim, condições à gestão fiscal dos Estados Nacionais. Ao comandar a circulação de capitais entre as praças financeiras tornaram-se senhores dos "fundamentos econômicos" com poder de afetar a formação das taxas de juro e de câmbio. Essa submissão dos Estados aos ditames da finança globalizada foi acompanhada de mudanças na estrutura da propriedade e da concorrência, ou seja, os grandes bancos financiaram e organizaram o jogo da concentração patrimonial e produtiva.

Esse processo levou consigo a apropriação da "racionalidade econômica" pelos senhores da finança. As decisões que outrora, no imediato pós-guerra, couberam às instâncias da política democrática passaram ao comando dos "mercados eficientes". Os cuidados típicos da era anterior, a da "repressão financeira", estavam voltados, sobretudo, para a atenuação da instabilidade dos mercados de negociação dos títulos representativos de direitos sobre a riqueza e a renda. As políticas monetárias e de crédito eram orientadas no sentido de garantir condições favoráveis ao financiamento do gasto produtivo, público ou privado, e atenuar os efeitos da valorização fictícia da riqueza sobre as decisões de gasto corrente e de investimento da classe capitalista. Tratava-se de evitar ciclos de valorização excessiva e desvalorizações catastróficas *dos estoques da riqueza financeira já existente*.

Na contramão das previsões otimistas de Keynes, a "natureza" *intrinsecamente rentista* do capital financeiro e sua valorização fictícia se apoderaram da dinâmica da economia capitalista contemporânea. Foram incentivadas as práticas destinadas a aumentar a participação dos ativos financeiros na composição do patrimônio, inflar o valor desses ativos e conferir maior poder aos acionistas. A dominância da "criação de valor" na esfera financeira expressa o poder do acionista, agora reforçado pela nova modalidade de remuneração dos administradores, efetivada mediante o exercício de opções de compra das ações da empresa.

Em seu livro *The Road to Recovery*, o economista Andrew Smithers demonstra que, no período 1981-2009, o investimento das empresas privadas, calculado sobre o PIB, caiu 3 pontos percentuais nas economias desenvolvidas. O investimento deixou de apresentar o comportamento cíclico de outros tempos em que os gastos com *capex* acompanhavam as flutuações da economia.

A tese de Smithers desloca o debate para além da macroeconomia e das controvérsias entre keynesianos bastardos e crentes ortodoxos. Para ele, a "parolagem da confiança" esconde as transformações profundas na governança de bancos e empresas e mantém nas sombras as correspondentes modificações no ambiente macroeconômico em que se desenvolvem as estratégias empresariais. As hipóteses dominantes desconsideram as complexas interações entre as estratégias das corporações – financeiras e não financeiras – e a reconfiguração das estruturas econômicas.

Em julho de 2013, o editor do *Financial Times*, Robin Harding, assinalou a desconexão entre a o desempenho da rentabilidade das empresas e o investimento. Uma fração significativa dos lucros acumulados é destinada às operações de tesouraria, mediante a busca de "valorização" das carteiras de ativos financeiros já existentes.

CAPÍTULO XIII - DESIGUALDADE E DÍVIDA PÚBLICA

No âmbito da configuração do sistema de crédito e da gestão financeira, isso exigiu a queda das barreiras que impediam o envolvimento dos bancos comerciais no financiamento da alavancagem de ativos imobiliários e financeiros. As mudanças regulatórias encorajaram a securitização dos créditos jogados para "fora do balanço", no colo dos SIVs (*Structured Investment Vehicles*) e de outros "bancos-sombra", ilustres protagonistas das imprudências alavancadas.

Nos Estados Unidos, o volume de crédito destinado a financiar posições em ativos já existentes cresceu a uma velocidade muito superior àquela apresentada pelos empréstimos destinados ao gasto produtivo. Como proporção do PIB, o valor dos empréstimos bancários para outras instituições financeiras é hoje quatro vezes maior do que os créditos destinados a financiar a criação de emprego e renda no setor produtivo.

Alterou-se a relação entre os recursos destinados ao investimento e aqueles utilizados para propiciar a elevação "solidária" dos ganhos dos acionistas e da remuneração dos administradores (*stock options*). Nos anos 1960, tempos dos oligopólios de Berle e Means e dos gerentes obcecados com o crescimento da empresa no longo prazo, a cada 12 dólares gastos com compra de máquinas ou construção de novas fábricas, apenas 1 dólar era gasto com os dividendos pagos aos acionistas. Nas décadas seguintes, a proporção começou a se inverter: mais dividendos, mais "juros sobre o capital próprio" e menos investimentos nas fábricas e na contratação de trabalhadores.

A associação de interesses entre gestores e acionistas estimulou as compras das ações das próprias empresas com o propósito de valorizá-las e favorecer a distribuição de dividendos, rendimentos não sujeitos à tributação. A isso se juntam a febre das fusões e aquisições, o planejamento tributário nos paraísos fiscais, o afogadilho das demonstrações trimestrais de resultados e as aflições das tesourarias de empresas e bancos açoitadas com o guante da *marcação a mercado*: "Tudo pelo social". O social, bem entendido, é o desfrute acionário abusivo dos resultados do capital "socializado".

Na base da apropriação de renda "rentista" está o inchaço das dívidas públicas nacionais. Para a compreensão da "nova dinâmica" do enriquecimento e da desigualdade é necessário avaliar o papel do endividamento público na valorização do capital fictício e na transmissão da riqueza entre as gerações.

Os títulos dos governos se constituem no "lastro de última instância" dos mercados financeiros globais "securitizados". No que diz respeito à segurança e à liquidez, há uma hierarquia entre os papéis soberanos emitidos pelos distintos países, supostamente construída a partir dos fundamentos fiscais "nacionais". Essa escala hierárquica reflete, sobretudo, a hierarquia das moedas nacionais, expressa nos prêmios de risco e de liquidez acrescidos às taxas básicas de juros dos países de moeda não conversível.

O diferencial de juros entre aqueles vigentes na "periferia" e os que prevalecem nos países "desenvolvidos" estão determinados pelo "grau de confiança" que os mercados globais estão dispostos a conferir às políticas nacionais dos clientes que administram moedas destituídas de reputação internacional.

Na etapa atual da Grande Estagnação, por exemplo, os diferenciais de taxas de juros engordam a tesouraria das empresas transnacionais sediadas em países de moeda não conversível, travestindo o investimento em renda fixa com a fantasia do investimento direto. Trata-se, na verdade, de arbitragem com taxas de juros: as subsidiárias agraciadas com os juros dos países receptores contraem dívidas junto às matrizes, aborrecidas com os juros dos países centrais.

Essa arbitragem altamente rentável e relativamente segura conta com a participação dos nativos "rentistas". Juntos, engordam o extraordinário volume de "operações compromissadas" – o giro de curtíssimo prazo dos recursos líquidos de empresas e famílias abastadas. Aprisionada no rentismo, a grana nervosa "aplaca suas inquietações" – diria Maynard Keynes – no aluguel diário dos títulos públicos remunerados à taxa de juro de curto prazo.

A *eutanásia do empreendedor* é perpetrada pelos esculápios do rentismo. A indústria e a industriosidade vergam ao peso dos juros elevados e do câmbio sobrevalorizado. As finanças públicas se rendem às exigências

CAPÍTULO XIII - DESIGUALDADE E DÍVIDA PÚBLICA

dos mercados apontadas para o seu peito. Enquanto a *ninguenzada* paga os impostos, a turma do *dolce far niente* se empanturra nas festanças da austeridade.

Foi formidável a farra dos capitais sob o efeito anabolizante das políticas que cuidaram de espancar a crise financeira. Observa-se um rearranjo das carteiras, outrora contaminadas pelos ativos podres criados pelos sabichões de Wall Street. Agarrados aos salva-vidas lançados com generosidade pelo Estado, gestor em última instância do dinheiro – esse bem público objeto da cobiça privada –, os senhores da finança tratam de restaurar as práticas de todos os tempos. Na posteridade da crise, engolfado no turbilhão de liquidez das intervenções, o mundo flutuou na maré montante do "dinheiro caçando rendimentos".

Os gestores do capital líquido, depois de terem saído à caça das moedas (e ativos) dos emergentes e das *commodities*, voltaram a buscar ganhos de capital na radiosa capitalização da bolsa americana e na inflação de preços dos bônus do Tesouro. A crise europeia e as respostas do Banco Central Europeu contribuem para impulsionar a busca de ativos em processo de valorização nos mercados financeiros dos Estados Unidos.

Em si mesmos, os movimentos observados no interior da circulação financeira não prometem à economia global uma recuperação rápida e brilhante, mas indicam que os mercados se dedicam, mais uma vez, ao esporte radical de formação de novas bolhas: as bolsas americanas e os bônus do tesouro fumegam os vapores dos sentimentos "altistas" e já prenunciam "correções" desagradáveis dos preços inflados. Enquanto isso, os emergentes padecem as dores do "rearranjo de portfólios".

As crises cambiais nos emergentes ou na periferia são episódios que se repetem em tediosa e monótona cadência. A experiência das globalizações financeiras – aquela das três derradeiras décadas do século XIX, assim como a dos nossos tempos, a era do *Lobo de Wall Street* – demonstram que os humores dos mercados financeiros globalizados, em sua insaciável voracidade, impõem suas razões às políticas monetária e fiscal dos países de moeda inconversível, que abrem suas contas de capital, surfam nos ciclos de crédito externo e se tornam devedores líquidos em moeda estrangeira.

O câmbio flutuante fica à mercê das peculiares idiossincrasias dos mercados de ativos, os bancos centrais estão sempre obrigados a "sujar" as flutuações. As tendências à apreciação ou à depreciação da moeda nacional dependem do estágio em que se encontra o fluxo de capitais e do maior ou menor "descasamento" entre os ativos e os passivos em dólar dos bancos, empresas e rentistas sediados no país de moeda inconversível.

Os ideólogos da finança, mais por interesse do que por ignorância, concentram suas baterias nos momentos de estresse nas condições fiscais internas dos países de moeda não conversível. A primeira geração de "modelos" pretendia explicar as crises cambiais mediante convenientes relações de determinação: partiam dos déficits fiscais, caminhavam para o "excesso" de absorção (demanda) doméstica e terminavam no abismo dos déficits em conta corrente. A fuga de capitais, as bruscas e intensas desvalorizações cambiais, com impacto desastroso sobre a inflação, e as finanças públicas eram atiradas às costas dos governos gastadores e irresponsáveis.

Não há quem aprove ou recomende desatinos fiscais e monetários dos governos. Há, no entanto, quem ignore os desastres fiscais e monetários deflagrados pelas "viradas de mesa" dos provedores privados de financiamento externo – no Brasil nos anos 1980 e 1990, no México em 1994, na Ásia em 1997, na Rússia em 1998, na Argentina do dr. Cavallo, em 2001.

As camuflagens grosseiras são desenhadas pelos sequazes da finança. Essas narrativas ocultam o essencial e elementar: trata-se simplesmente da política e do poder do dinheiro vagabundo caçando rendimentos. "*Money chasing yield*", como explicou o onanista e cheirador Hanna ao ganancioso Jordan Belfort no filme de Scorsese.

Para os países de moeda não conversível, as taxas de juros e de câmbio se tornaram reféns das bruscas reações dos senhores dos portfólios globais diante de rodopios e contradanças dos gestores da moeda internacional. Sob o comando dos humores da finança e da sabedoria de seus asseclas, os ditos emergentes sacolejam os traseiros nos carnavais e rolezões da abundância de liquidez. (Enquanto os bacanas se refestelam nas utilidades do inútil, a indústria manufatureira das vítimas sofre as agruras das exportações minguantes e das importações predatórias).

CAPÍTULO XIII - DESIGUALDADE E DÍVIDA PÚBLICA

A festança termina nas quartas-feiras dos *crashs* de preços de ativos e da desvalorização das moedas. Quando se aproxima uma crise cambial, o bloco que acredita nos desarranjos dos "fundamentos" das vítimas, mimetiza os sestros faciais enigmáticos — entre a Mona Lisa e o Coringa —, sempre prontos a anunciar que é preciso fazer um ajuste fiscal e elevar a taxa de juros.

O sociólogo e economista Wolfgang Streeck, diretor do Instituto Max Planck, aponta a origem da "transferência de poder" desde a estagflação dos anos 1970. O arranjo social e econômico das décadas anteriores foi desmanchado em nome da remoção dos entraves à livre operação dos mercados.

"A transição", diz Streeck, configurou:

> a passagem do Estado Fiscal para o Estado da Dívida e, finalmente, para o atual Estado de Austeridade. As causas dessas mudanças foram as novas oportunidades de evasão fiscal aliadas à extorsão de isenções de impostos, vantagens oferecidas às grandes empresas e aos endinheirados pela globalização financeira. As tentativas de reduzir os déficits fiscais apoiaram-se quase exclusivamente no corte de despesas — sobretudo na seguridade social, na educação e na infraestrutura física.
>
> Os ganhos de renda correram para a camada superior, aquela que abriga os felizardos 1% da pirâmide distributiva. Nessa toada, a dimensão pública das economias capitalistas capitulou, não raro dramaticamente, diante do poder e da mobilidade da riqueza oligárquica.[76]

Mais poderosos na formação das decisões e, contrariamente ao que se esperava, menos "eficientes" na definição dos critérios de avaliação do risco, os mercados financeiros lograram capturar os controles da economia e do Estado, mediante o aumento do seu poder social.

A nova finança e sua lógica notabilizaram-se por sua capacidade de impor vetos às políticas macroeconômicas, mesmo quando se revelam

---

[76] STREECK, Wolfgang. *Tempo comprado*: A crise adiada do capitalismo democrático. Lisboa: Actual Editora, 2013.

incapazes de curar suas próprias mazelas. A despeito do socorro prestado pelos bancos centrais às suas imprudências e incompetências, do desemprego e da desigualdade escandalosa, as ações dos governos sofrem fortes resistências das casamatas instaladas nos quartéis da finança contemporânea. A globalização, ao tornar mais livre o espaço de circulação da riqueza e da renda dos grupos privilegiados, desarticulou a velha base tributária na qual prevaleciam os impostos diretos sobre a renda e a riqueza.

Entendo que o livro *O capital no XXI*,[77] de Thomas Piketty, em sua essência, é uma crítica à concorrência dos mercados como processo em que os "vencedores" merecem suas vantagens de renda e riqueza. Piketty, trata, sobretudo, das metamorfoses da riqueza e dos modos de transmissão dos patrimônios privados entre gerações ao longo do desenvolvimento do capitalismo. A caminhada vai desde a predominância da riqueza fundiária – cujo declínio foi imposto pelas forças das políticas mercantilistas e de incentivo à manufatura – até os arranjos contemporâneos apoderados pelo patrimonialismo financeiro e pela concentração do capital nos grandes oligopólios que dominam todos os setores da indústria e dos serviços na arena global.

Os estudos de Piketty sobre o papel da dívida pública na composição da riqueza privada nos primórdios do capitalismo mostram a importância dela na transição dos patrimônios imobilizados na terra para a riqueza móvel e líquida, sob a égide do Banco da Inglaterra, que mediou as trepidações e expropriações da acumulação primitiva. Em sua peregrinação, Piketty apresenta um conceito de capital que desconsidera as formulações teóricas de Marx a respeito das relações de produção capitalistas e de suas conexões com a natureza das forças produtivas adequadas ao desenvolvimento desse regime de produção. Não importa. Ao agregar as várias modalidades de ativos e discutir as mudanças de sua composição, Piketty mata três coelhos de uma só vez: reafirma a "natureza" do regime do capital como modalidade histórica cujo propósito é a acumulação de riqueza abstrata; abre espaço para a compreensão do capital a juros, do capital fictício e da renda da terra como formas

---

[77] PIKETTY, Thomas. *O capital no século XXI*. Rio de Janeiro: Intrínseca, 2014.

CAPÍTULO XIII - DESIGUALDADE E DÍVIDA PÚBLICA

de rendimentos derivadas do desdobramento *necessário* da riqueza capitalista em suas modalidades particulares; demonstra o papel da herança na reprodução e acumulação da riqueza, o que desmente o caráter meritocrático e "competitivo" do enriquecimento alegado pelos liberais.

Ao desdobrar a riqueza nas formas em que se transmutam ao longo dos três séculos de história do capitalismo, Piketty faz reaparecer no proscênio da vida econômica o caráter crucial da transformação e da concentração da riqueza na geração e na distribuição dos rendimentos dos que dispõem apenas de suas propriedades pessoais para manter sua sobrevivência: a venda de sua força de trabalho, a casa própria, os aparelhos domésticos, o automóvel para se dirigir ao trabalho e outros.

Nessa atmosfera de desigualdade crescente mascarada de meritocracia, a ação redistributiva do Estado, mediante o manejo da política fiscal e tributária, é contestada pelo intenso processo de homogeneização ideológica de celebração do individualismo, que se opõe a qualquer interferência no processo de diferenciação da riqueza, da renda e do consumo efetuado através do mercado capitalista.

A crise financeira deflagrada em 2008, e ainda hoje em curso, reavivou o interesse dos economistas e das lideranças globais pelas políticas econômicas keynesianas, sobretudo pelas versões mais vulgares e popularescas das propostas de Keynes. A crise não deve ser relegada às querelas dos economistas. Suas consequências já afetaram profundamente as formas de convivência, criadas no pós-guerra, que sustentaram as democracias. Estas, massacradas pelo poder da finança, parecem impotentes para formular soluções que preservem os direitos sociais e retomem o caminho da prosperidade compartilhada.

REFERÊNCIAS BIBLIOGRÁFICAS

ARONOWITZ, Stanley; DiFAZIO, William. *The Jobless Future*. Minneapolis: University of Minnesota Press, 1994.

ALLEGRETTO, Sylvia; MISHEL, Lawrence; BERSTEIN, Jared. *The State of Working America*. Ithaca: Cornell. University. Press, 2004.

BARRACLAUGH, Geoffrey. *Introdução à história contemporânea*. Rio de Janeiro: Zahar Editores, 1983.

BELLUZZO, Luiz Gonzaga. *Ensaios sobre o capitalismo do século XX*. São Paulo: Editora Unesp. 2004.

CASSIDY, John. "After the Blowup". *The New Yorker*, 11/1/2010.

DE LA MORENA, Antonio. "El enfoque macroeconómico consistente de Wynne Godley: una exposición". *Revista de Economía Crítica*, n. 15, 1º sem./2013.

DOSTALER, Gilles e MARIS, Bernard. *Capitalisme et pulsion de mort*. Paris: Albin Michel, 2009.

EICHENGREEN, Barry. *Globalizing Capital:* A History of the International Monetary System. Nova Jersey: Princeton University Press, 1996.

ELIAS, Norbert. *O processo civilizador*. vol. 1. Rio de. Janeiro: Jorge Zahar Editor, 1998.

FITZGIBBONS, Athol. *The Nature of Macroeconomics*. Northampton: Edward Elgar Publishing, 2000.

REFERÊNCIAS BIBLIOGRÁFICAS

GLATTFELDER, James. *Decoding Complexity:* Uncovering Patterns in Economic Networks. Nova York: Springer Verlag, 2014.

GODLEY, Wynne; LAVOIE, Marc. *Monetary Economics:* An Integrated Approach to Credit, Money, Income, Production and Wealth. Nova York, Palgrave Macmillan, 2007.

HECKSCHER, Eli F. *La Época Mercantilista*. México: Fondo de Cultura Económica, 1943.

HOBSBAWM, Eric. "The Example of the English Middle Class". *In*: KOCKA, J.; MITCHELL, A. (orgs.). *Bourgeois Society in Nineteenth-Century Europe*. Oxford: Oxford University Press, 1993.

KEYNES, John Maynard. *Teoria geral do emprego, do juro e do dinheiro*. Rio de Janeiro: Fundo de Cultura, 1970.

_____. "*The Economic Consequences of the Peace*". *In*: MOGGRIDGE, D. (Org.). *The Collected Writings of John Maynard Keynes*. vol. II. Londres: Macmillan, 1971.

_____. "A Tract on Monetary Reform". *In*: MOGGRIDGE, D. (Org.). *The Collected Writings of John Maynard Keynes*. vol. IV. Londres: Macmillan, 1971.

_____. "*A Treatise on Money*". Vol i. *In*: MOGGRIDGE, D. (Org.). *The Collected Writings of John Maynard Keynes*. vol. V. Londres: Macmillan, 1971.

_____. "A Treatise on Money" Vol ii. *In*: MOGGRIDGE, D. (Org.). *The Collected Writings of John Maynard Keynes*. vol. VI. Londres: Macmillan, 1971.

_____. "My Early Beliefs". *In*: MOGGRIDGE, D. (Org.). *The Collected Writings of John Maynard Keynes*. vol. X. Londres: Macmillan, 1972.

_____. "Essays in Persuasion". *In*: MOGGRIDGE, D. (Org.). *The Collected Writings of John Maynard Keynes*. vol. IX. Londres: Macmillan, 1972.

_____. "A Treatise on Probability" *In*: MOGGRIDGE, D. (Org.). *The Collected Writings of John Maynard Keynes*. vol. VIII. Londres: Macmillan, 1973.

REFERÊNCIAS BIBLIOGRÁFICAS

_____. "The General Theory an After, Part II". *In*: MOGGRIDGE, D. (Org.). *The Collected Writings of John Maynard Keynes*. vol. XIV. Londres: Macmillan, 1973.

_____. "The General Theory an After, A Supplement" *In*: MOGGRIDGE, D. (Org.). *The Collected Writings of John Maynard Keynes*. vol. XXIX. Londres: Macmillan, 1979.

_____. "Activities 1940-1946". *In*: MOGGRIDGE, D. (Org.). *The Collected Writings of John Maynard Keynes*. vol. XXVII. Londres: Macmillan, 1980.

_____. "The Economic Consequences of Mr. Churchill, Part I" *In*: MOGGRIDGE, D. (Org.). *The Collected Writings of John Maynard Keynes*. vol. XIX. Londres: Macmillan, 1981.

_____. "Activities, 1922-1929, Part II: The Return to Gold and Industrial Policy". *In*: MOGGRIDGE, D. (Org.). *The Collected Writings of John Maynard Keynes*. vol. XIX. Londres: Macmillan, 1991.

_____. O fim do "laissez-faire". *In*: SZMRECSÁNYI, Tamás (Org.) *Keynes* (Economia). São Paulo: Ática, 1983.

KREGEL, J. A. "Minsky's 'Two Price' Theory of Financial Instability and Monetary Policy: Discounting vs. Open Market Intervention". *In*: FAZZARI, S.; PAPADIMITRIOU, D. (orgs.). *Financial Conditions and Macroeconomic Performance:* Essays in Honor of Hyman P. Minsky. Nova York: Armonk, 1992.

KRUGMAN, Paul. *A consciência de um liberal.* Rio de Janeiro: Record, 2010.

MADDISON, Angus. *The World Economy:* A Millennial Perspective. Paris: Organization for Economic Co-operation and Development (OECD), 2001.

MARSHALL, Alfred. *Princípios de economia.* Coleção "Os Economistas". vol. 1. São Paulo: Abril, 1982.

_____. *Industry and Trade.* vol. 1. Honolulu: University Press of the Pacific, 2003.

MINSKY, Hyman. *Stabilizing an Unstable Economy.* New Haven: Yale University Press, 1996.

PIKETTY, Thomas. *O capital no século XXI.* Rio de Janeiro: Intrínseca, 2014.

REFERÊNCIAS BIBLIOGRÁFICAS

SCHUMPETER, Joseph A. *Teoria do desenvolvimento econômico*: Uma investigação sobre lucros, capital, crédito, juro e o ciclo econômico. Coleção Os Economistas. São Paulo: Abril Cultural, 1982.

SHACKLE, G. L. S. *Epistemics and Economics:* A Critique of Economic Doctrines. Cambridge: Cambridge University Press, 1972.

SHAW, Bernard. *The Intelligent Woman's Guide to Socialism and Capitalism.* Nova York: Brentano's Publishers, 1928.

SMITHERS, Andrew. *The Road to Recovery.* Chichester: Wiley, 2013.

STANDING, Guy. *O Precariado*: A nova classe perigosa. Tradução de Cristina Antunes. São Paulo: Autêntica Editora, 2013.

STREECK, Wolfgang. *Tempo comprado:* a crise adiada do capitalismo democrático. Lisboa: Actual Editora, 2013.

WILLIAMS, Raymond. *Cultura e sociedade:* de Coleridge a Orwell. São Paulo: Vozes, 2011.

NOTAS

NOTAS

NOTAS

A Editora Contracorrente se preocupa com todos os detalhes de suas obras!
Aos curiosos, informamos que este livro foi impresso no mês de março de 2021,
em papel Pólen Soft 80g, pela Gráfica Copiart.